5分間で読める・話せる
こわ〜い話KING《キング》

子どもの心をつかむ
21世紀の怪談

山口 理【著】
やまねあつし【絵】

いかだ社

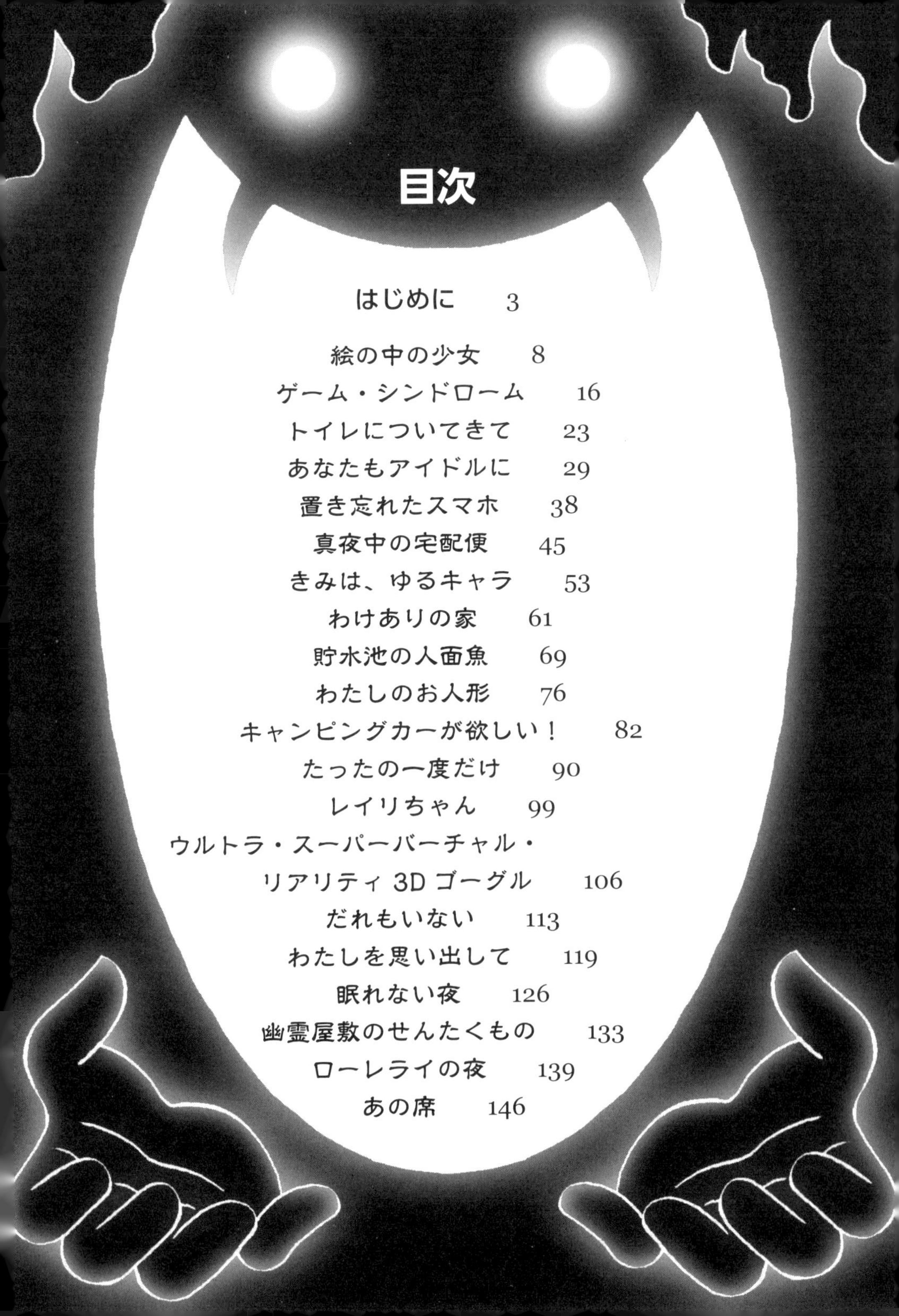

目次

はじめに

●〝こわい話〟のもつパワー

　昨今、科学技術、電子工学などの進歩はめざましく、ほんの少し前まで夢物語であったことが、次々と現実になってきています。

　ですが、時代の流れに関わらず、変わらないものもたくさんあります。命が尊いものであること、おいしいものを食べたいと思う気持ち、木々の緑が心を穏やかにしてくれるという感覚……。そして、子どもたちが〝こわい話が大好き〟であるという事実。

　わたしは現在の作家業に入る前、長い間、小学校の教員をしていました。その初任の時、ふとしたことから読み聞かせた怪談。その時の子どもたちの反応が、あまりに大きかったことに我ながら驚いたものです。

「先生、その後どうなったの？」

「もっと聞かせて！」

　話の後、子どもたちがわっと群がってきました。それからのわたしは、この怪談話を懐刀のようにして、時折取り出しては、子どもたちとの人間関係を深めてきました。それが退職するまでの数十年間、ずっと続いたのです。

「こわい話は、学級経営のための大きな力になる！」それは、確かな事実でした。

●なぜ〝5分間〟なのか

初めの頃は、いわゆる〝怪談の名作・定番〟の読み聞かせから入りました。それでも子どもたちは、大満足でわたしの〝こわい話〟に聞き入ります。けれど、いくつもの作品を読んでいくうちに、それらがいくつかのスタイルにパターン化されていることに気がつきました。

「このままでは、いずれ子どもたちに、話の先を読まれてしまう」

そこでわたしは、自分のオリジナル作品を考えるようになりました。話をしながらその場で思いつきで話をしていくこともありましたし、じっくりと時間をかけてつくりあげたものもあります。

夜の学校を舞台にした話、トイレの話、幽霊屋敷の話など。ですが、やがてそうした創作が定番の話以上に、現代っ子の心をとらえる力・魅力をもつこともある、という事実に気づきます。それが、「現代っ子の感覚にマッチした」作品でした。

そこで「現代っ子の感覚にマッチしている」と思われるモチーフで、作品づくりに取り組みました。こうした視点で書いた作品は、子どもたちを惹きつけるための有効な手段ではありましたが、その後、それよりもさらに効果的な作品スタイルがあることに気がつきました。

キーワードは「長さ」です。

どんなにこわい話でも、長過ぎると今の子どもたちは、すぐに飽きてしまいます。さらに頭の中で、ストーリーがつながらなくなってしまいます。かといって短すぎては、山場は生まれません。〝読み聞かせ〟を念頭においた場合、ちょうどいい長さが〝5分間〟なのです。

この長さであれば、子どもは飽きません。読み手である大人も、ストーリーを頭に入れて読み聞かせることができ、時には〝暗記した上で〟話をすることができます。

「5分間で読み聞かせると、効果はバツグン！」

わたしは長い間、〝こわい話〟の読み聞かせ及び語りを行ってきた経験の中で、そう確信しています。

●子どもは〝こわい話〟が大好き

教員時代、わたしは時間があれば〝こわい話〟の読み聞かせ・語りを行ったのは、前述した通りです。ですがそれは、わたしが進んで行ったというより、子どもたちから要求されて話したといったほうが正しいでしょう。授業の区切りになり、わたしがちょっと教室の時計に目をやると、「先生、あと10分あるよ」と、〝こわい話〟をさいそくします。授業やテストが続き、子どもたちの集中力が限界にきているなと感じた時は、「さて、次の時間はなにをするか」などと探りを入れると、子どもたちの答えは決まって「こわい話！」です。

こうした時は、しっかりと環境も整え、腰をすえて話をはじめます。こうしたことが何度も続き、わたしも「よく飽きないなぁ」と苦笑することもたびたびありました。

わたしは、高学年の担任をすることが多かったのですが、林間学校や修学旅行などの時は大変です。実行委員のほうで勝手に「山口先生のこわい話コーナー」などと、夜の集いのプログラムに入れられてしまうのですから。そんな時は、大広間で学年全体の子どもたちの前で、〝こわい話〟の語りをするハメになってしまいます。

長い間の教員生活の中で、子どもたちの雰囲気は時代と共に確かに変わりました。ですが、「おばけの話好き」、「こわい話好き」なところだけは、少しも変わりません。そして、おそらく、これからもずっと……。

●子どもとの人間関係づくりに

わたしは、この〝こわい話〟を長年、学級づくり、子どもとの人間関係づくりに役立ててきました。

卒業した子どもたちからお誘いがかかることがあります。どの年代の子どもたちもその場で決まって話題にのぼるのが、〝こわい話〟の思い出話です。それだけ、インパクトが強かったということでしょうか。

わたしは、〝こわい話〟の力を借りることによって、子どもとの距離をグッと縮められたと思っています。また、子どもたちが家庭で嬉々としてその話をすることで、保護者との距離も縮まったように感じています。

スポーツ、授業の技術、人柄、特技などによっても、子どもとの関係を深めことができます。そして、この〝こわい話〟もそのひとつです。

あなたもぜひこの本を、子どもとの関係を築き、より深めるために役立ててください。そのためのお手伝いができれば、これほど嬉しいことはありません。

絵の中の少女

■読むにあたっての工夫

用意したいのは、画板と絵の具。まず子どもたちに「だれかモデルになってくれる人」と声をかけます。それから「本当にこのままモデルになってもいいのかな」と言って一枚の人物画を子どもたちに見せます。

そして、「この人は、今から読むお話に出てくる人物なのさ」とひと言添えて話に入ります。

八月の蒸し暑い夜だった。ぼくたち三人は、「星の観察をする」と言って、ここに集まった。

「あらためて夜に見ると、けっこうな迫力だな」

大きな体の耕太《こうた》が、ゴクッとつばを飲み込む。

「なぁに、どうってことないさ、こんなの」

こんな強がりを言ってるのは、へりくつ屋の慎二《しんじ》。かくいうぼくは、俊介《しゅんすけ》。三人とも五年生で同じクラスの仲間だ。今日は、ずっと前から興味のあった、この朽ち果てた家へやってきた。

壁は崩れ落ち、庭の草はボウボウなのに、窓からかすかに見える内部は、どこかきれいで上品な感じがする。なぜか「中を見てみたい」と思ってしまう、不思議な家なんだ。もちろん、そう思っているのはぼくだけじゃない。耕太だって慎二だって、同じ気持ちなのさ。だから、お母さんには「星の観察」なんてうそをついちゃったけど、それだけ、どうしても来てみたかったんだ。

「本当に入るのか？」

耕太の声を無視して、ぼくが玄関のドアノブに手をかける。時刻は夜の八時半。

「うわっ！」

慎二が後ろで変な声を上げた。

「な、なんだよ」

「今、後ろをだれか通った」

首を伸ばして、通りを見る。

「なんだよ。女の子が一人、通っただけじゃんか」

「こんな時間に、女の子がたった一人で？　それもおかしくないか？」

ぼくは、イライラしてきた。

「だからなんなんだよ、このビビリ」

もう相手にするのはやめて、ドアノブを引いた。〝ギギッ〟とかわいた音がして、ゆっくりドアが開く。慎二が懐中電灯の明かりをともすと、まっ暗な家の中に、ぼんやり明るい空間が浮き上がった。

「暗いな」

「ど、どうってことないさ」

慎二が、ゴクッとつばを飲む。と、その時だ。

「なな、なんだ、あれ！」

耕太がふるえる手で指さしたその先に視線を送ると……。

「なんだ、こんな紙っきれ」

目の前に、白く塗られた部屋のドアがあり、そこに一枚の紙が貼られていて、こんなひと言が書かれていた。

《入るな》

「入るなって言われたら、よけいに入りたくなるじゃんか」

「や、やめようぜ。『入るな』って書いてあるし」

「なんだよ、耕太。体ばっかりでっかくて、度胸なしだな。平気だい、こんなもの！」

ぼくはその紙っきれに指をかけ、それを一気にはがした。先頭のぼくが、ライトをぐるりと回して、部屋の中を確かめる。光の中に浮かび上がったのは、散乱した絵の具、古いスケッチブック、折れた絵筆……。

「ここって、絵を描く部屋だったんじゃないか？」

「それ〝アトリエ〟っていうんだ」

慎二が小声でつぶやく。そういえば、壁に額縁に入った何枚かの絵が掛かっている。その中にあった一枚の絵に、ぼくの目が吸いよせられた。一人の少女が描かれた絵だった。

「さみしそうな顔した子だな……」

その時、開けっ放しにしておいた白いドアが、バタンと音を立てて閉まった。

「だれが閉めた！」

「勝手に閉まったんだ。やっぱり来るんじゃなかったぁ！」

耕太は半分泣きそうだ。ぼくと慎二の二人でドアノブを押したけれど、ビクともしない。

「だめだ、開かない。他に出られるところはないか?」

と、ぼくらがドアから離れたその時だ。別の青いドアが、ゆっくりと開きはじめた。後ずさりしながら、そのドアをじっと見つめるぼくたち。

「えっ、だれかいる!」

耕太が後ろへぶっ飛んだ。じっと目をこらすと、ベレー帽をかぶった男の人が、いすに座って絵を描いていた。そしてその前には、絵のモデルが立っている。

「女の子だ……」

慎二が、思い出したように言う。

「あの子だ。この家に入る前に、ぼくたちの後ろを歩いて行った、あの女の子だよ」

その言葉に、さっきの絵に目をやる。

「この子だ。この絵のモデルもこの子だよ。絵を描いているこの人は画家なんだ」

ぼくがそう口にした時、画家の体がこっちを向いた。

《絵を描きたい。もっと絵を描きたいのに、モデルが足りない。この女の子だけしかいないんだ。きみたち、ぼくのモデルになってくれないか。この家でずっと、ずっと……》

「逃げろ！」

ぼくはとっさに、慎二と耕太の背中を押した。白いドアに体当たり。けれど、びくともしない。

こうなったら、画家のいる青いドアを突破するしかない。ぼくは二人に合図をして、ダッシュをかける。すると、なんの問題もなく、あっさり画家の後ろを通り過ぎた。そして、廊下に出ることができたんだ。

「ははっ、やったぞ。脱出……。慎二？　耕太？」

二人がついてこない。いったいどこに消えたんだ。あの画家に捕まったのか。あたりを見回すと、壁に何枚もの絵が掛かっていることに気がつく。その中に、見覚えのある顔の絵も……。

「慎二！　耕太！」

二人はすでに、絵の中の人になっていた。

「ぼくも逃げなくちゃ。でもいったい、どっちへ逃げればいいんだ」

途方にくれている時、廊下のはずれから一人の女の子が現れ、こっちに近づいて来た。

「あの子だ。絵の中のあの子……」

するとその子は、にっこりほほえんで、こう言った。

《お兄ちゃん、あたしが助けてあげる。こっちへおいで》

と、ぼくの手を取る。氷のように冷たい手……。けれど、この子に助けてもらうしか逃げ道はなさそうだ。

ぼくはその子に手を引かれ、赤いドアの部屋に入った。するとそこには、もう一人の画家が、あごひげをなでながら座っていた。

《やあ、きみかね。わしのモデルになってくれる子は》

それからいったい、どれほどの時間がたったのだろう。ぼくは額縁の中から、暗い部屋の中をじっと見下ろしていた。

ゲーム・シンドローム

■読むにあたっての工夫
「パソコンゲームなどが好きな人」「ゲームのしすぎを注意されたことのある人」などと挙手をさせ、ゲームとの関わりを自分の体験につなげさせてから話しはじめるといいでしょう。
ただし、教訓的になりすぎないように気をつけましょう。

まさかこんなことになるなんて。

ぼくは、木枯らしの吹く町を、人目を避けながら、とぼとぼと歩いていた。

「おなかがすいた。なにか食べるものはないか……」

もう三日も、なにも食べていない。今日もまた、夜がきた。

【ワォオーン】

ぼくの鳴き声が、まっ暗な夜空に吸いこまれていった。

「幸平《こうへい》！　いい加減にゲームをやめなさい。宿題だってあるんでしょ？」

「はいはい、もうすぐやめるから」

やめる気なんかない。ぼくは、お母さんの言葉を、ただの雑音としか思っていなかった。

ゲーム、ゲーム、ゲーム！　そうなんだ。ぼくの毎日は、ゲームを中心に回っている。ゲームさえあれば、後はなにもいらないんだ。

二週間前のある日、ぼくは、早く家に帰ってゲームをやりたくて、近道の公園を通って下校した。本当はここ、通学路じゃないから、通っちゃいけないんだけどね。

「ん？　なんだ、あのおじさん」

公園のベンチに座った一人のおじさんが、熱心に指を動かしている。ぼくは本能的に、(ポケットゲームをしているんだ）と感じた。そばには一匹の犬が、チョコンと座っている。おじさんの愛犬らしい。ぼくの足が自然と、そっちのほうに向いてしまう。

「それ、なんのゲームですか？」

ぼくは、ゲームのこととなったら、知らない大人にだって、平気で声をかけてしまう。ぼくの声に、そのおじさんは、ゆっくりと視線をぼくのほうに向けた。

「これは『やみつき』っていう最新のゲームさ。きみは、ゲームが好きなのかい？」

好き、なんてもんじゃない。スマホゲーム、パソコンゲーム、テレビゲーム。どんなゲームだって、ゲームと名がつけば、すぐに夢中になっちゃうんだ。

「ほら、きみもやってごらん。きっとこれまでのどんなゲームよりも、楽しいと思うから」

ぼくはちょっと、疑いの目で、そのゲームをのぞきこんだ。なんだ、ただのアドベンチャー・ゲームじゃないか。そうは思ったけれど、いちおう、そのゲーム機をおじさんから受け取って、なんとなくはじめてみた。足元にいる毛の長い犬が、じっとぼくを見つめている。

「あれっ？　なんだこれ。お、おもしろい！」

なにがおもしろいんだか、よくわからない。なのに、ゲームのキーをたたいているだけで、わけのわからないおもしろさが、ぐいぐいと押し寄せてくる。

「そのゲーム、しばらく貸してあげるよ。心ゆくまで、たっぷりと楽しんでくれたまえ」

軽くうなずいて顔を上げると、おじさんの姿はどこにもなかった。もちろん、犬の姿も。

「ほら、もうやめなさい。ごはんがさめちゃうでしょう」

お母さんの言葉に、ぼくはしぶしぶ、ゲームから手を離した。

「ああ、おもしろかった。早くごはんを食べちゃって、続きをやろう」

「だめよ。ごはんはしっかりかんで、ゆっくり食べなさい。それに、ごちそうさまは、みんなが食べ終わってからするの。いつものことでしょう」

お母さんがそう言い終わったその時、ぼくの頭に激痛が走った。

「いたたた。ミユ、ゲームを取ってくれ!」

ぼくはなぜか、妹のミユにそんなことを言った。どうしてだかわからないけど、口が勝手にそう言ったんだ。ぼくはミユから、ゲーム機を受け取った。そして、ボタンをトントンとたたく。するとどういうことだろう。あんなにひどかった頭痛が、うそみたいに消えていったんだ。

「ああ、ゲーム機にさわってると、気持ちが落ち着く……」

「バカみたい。お兄ちゃん、ゲーム病じゃないの?」

ミユが、バカにしたような目で、ぼくを見た。そう、ぼくはたしかに、おろか者だったんだ。

「うわっ、うわわっ! お母さーん、ちょっと来てよう!」

ぼくはお風呂場から、大声でお母さんを呼んだ。

「まあ、どうしたの、それ」

お母さんがおどろくのも無理はない。ぼくの体一面に、まっ赤なミミズばれができていたからだ。すぐにお医者さんへ行ったけれど、原因はわからなかった。

その二日後には、遊びに行った友だちの家で、四十度近い熱が出てしまった。お風呂の時とこの時と、共通していたことはたったの一つ。《ゲーム機を手にしていなかったこと》だ。そう、ぼくはもう、あのゲーム機を手に持っていなくては、生きていけない体になってしまったんだ。

「ふざけるな！　そんなバカな話を、父さんが信じるとでも思っているのか。おまえはただ、ゲームがやりたいだけなんだろう」

ぼくの話にお父さんは、ものすごい勢いで怒った。それだけじゃない。ぼくのミミズばれを見たはずのお母さんまで、お父さんの意見と同じだったんだ。

「どうして信じてくれないの！　いいよ、ぼく、もう寝るから」

ぼくはわざと足音をドカドカたてて、二階の部屋に上がった。

(しまった。ゲーム機を下に置いてきちゃった)

今度は足音を忍ばせて、そっと階段をおりる。そしてテーブルの上を手でさぐった。

「ない！　ここに置いといたのに」

「ゲーム機なら、お父さんが、捨てに行ったわよ。電気屋さんにお願いするって」

ぼくの全身から、すうっと血の気が引いた。冗談じゃない。あれを手放しておけるのは、せいぜい二十分。それ以上時間があくと……。

「やだ、どうしたの、お兄ちゃん」

ミユが、おびえたような目で、ぼくを見る。お母さんも同じだ。

「えっ、ぼくがどうしたって？」

何気なく、リビングの鏡を見た。そこに映ったぼくの体には、みるみる茶色の毛が生え、口、鼻、耳がとがっていく。

「い、犬だ。ぼくの体が犬になっていく……」

それは、あのおじさんが連れていた、毛の長い犬そのものだった。

【助けて！】

と叫んだつもりの声は、【ワオーン】と、むなしくリビングに響いただけだった。

トイレについてきて

■読むにあたっての工夫

読み聞かせる前に、「夜中に目が覚めてトイレに行ったことがある人」と聞きます。

そして「その時、どんな感じだった？」とたずね、「そう。何もなくてよかったね」と言ってから、「こんな子もいたらしいよ」と、読み聞かせをはじめます。

妹の声で目が覚めた。

「なによ、こんな夜中に」

時計を見ると、夜中の十二時近く。

「ねえ、お姉ちゃん。トイレに行きたくなっちゃったの。ついてきて」

小学校一年生の妹は、まだ一人で夜のトイレに行けない。それにしてもなんでまた、こんな時間に……。

「しょうがないわねぇ。ほら、さっさとスリッパはいて」

今は一月。体が思わず、ブルッとふるえる。妹が二段ベッドの上からおりて、部屋を出た。

そして二階のトイレに入る。

「お姉ちゃん、そこにいてよ。先に帰らないでよね」

「わかってるわよ。いいから、早くしちゃいなさい」

まったく、小学生になっても赤ちゃんなんだから。ああ、寒い！　肩をすぼめて妹を待った。

一分、二分……。なかなか出てこない。

「ちょっと、いいかげんにしてよ。かぜ、ひいちゃうじゃない。わたし、部屋に戻るから」

わたしにだって、がまんの限界がある。こんな冬の真夜中に起こされて、トイレにつきあわされて、ずっと待たされて。冗談じゃないわ。

わたしは足早に部屋へ戻り、ベッドにもぐりこもうとした。その時だ。

「えっ、うそっ！」

自分の目が信じられなかった。だって、上のベッドに妹が寝息を立てて、ぐっすり眠っていたんだから。

「どういうこと？　わたしが寝ぼけちゃってるの？」

どう考えても納得がいかない。わたしは、ベッドですやすや眠っている妹の顔を、薄明かりの下でじっくりと見つめた。けれど、どう見てもわたしの妹だ。じゃあ、さっきトイレに行ったのはだれ？　それにいつ、トイレから出たっていうの？　わたし、ずっとトイレのドアの前にいたんだよ。ゾゾッと冷たいものが背筋をはい上がり、わたしは急いで自分のベッドにもぐりこんだ。

「夢を見たんだわ。そうよ、そうに決まってる」

わたしはなにがなんでもそう思おうと、強く自分に言い聞かせた。

けれどそこから、まったく眠れなくなった。枕元の時計を見る。まもなく、午前一時になるところだ。何度も寝返りを打った。そして午前二時。

「いやだ。わたしまで、トイレに行きたくなっちゃった」

がまんしようとすればするほど、トイレのことばかり考えてしまう。わたしはしかたなく、ゆっくりとトイレに向かった。そっとドアを開ける……。

「キャーッ！」

わたしの悲鳴が、あたりに響き渡った。

【お姉ちゃん。トイレに入る時には、ノックをしてよね】

ベッドで寝ているはずの妹がそこにいた。あわててドアを閉めようとするわたしの腕を、妹の手がギュッとつかむ。まるで、ゴムみたいに長く伸びて。

【入りたいんでしょう？　だったら交代ね。はい、どうぞ入って】

妹の手に力がこもる。

「い、痛い。離して、離してよ！」

すごい力だった。とても小学校一年生の力だなんて思えない。その強い力でわたしはトイレの中に引きずりこまれ、バタンとドアが閉まる。それと同時に妹の姿が消えた。

「あ、開かない！」

今度はドアが開かない。いくらノブをガチャガチャ動かしても、ドンドンたたいても、びくともしないの。それにこれだけ大きな音を立てれば、お父さんだってお母さんだって、気がつくはずなのに。

「ねえ、開けて！　ここから出してよ！」

わたしはもう、気が狂いそうだった。と、その時だ。小さなトイレの窓が、ゆっくりゆっくりと開いていった。そしてその向こうから、枯れ枝のように細い手がするするっと伸びてきて……。

わたしはそのまま、気を失った。
「お姉ちゃん、うるさいよ。なに、寝ぼけてるのよう！」
その声で目を開けたわたしは、自分のベッドにいた。

「お姉ちゃん、寝言、すごくうるさかったよ。『ここから出して』とか、『離して』とかさあ」

妹が上のベッドから、怒った顔でのぞきこむ。

「えっ、寝言？」

その時、部屋のドアを開けて、お父さんとお母さんが入ってきた。部屋の白い明かりがわたしの目に突きささる。

「どうしたんだ、絵理奈《えりな》。お父さんたちの寝室まで聞こえてきたぞ」

お父さんに続いて、お母さんも眠そうな顔で言った。

「そうよ。疲れてるんじゃないの、あなた」

寝言……。そうか、わたしはやっぱり夢を見ていたんだ。なあんだ。

ホッとして大きく深呼吸。その時、お父さんがわたしに一歩近づいて、こんなことを言った。

「どうしたんだ、その腕は。いったい、なにをしたんだ」

わたしは、なにを言われているのかわからないままに、自分の腕を見た。するとそこには、小さな五本の指のあとが、くっきりと残っていた。ふと、妹の顔を見る。妹がにやっと笑ってわたしを見た。

あなたもアイドルに

■ **読むにあたっての工夫**

子どもたちに、好きなアイドルを発表してもらいます。次に先生が自分の好きなアイドル（芸能人）の写真を見せます。歌手であれば、歌を聞かせるのもいいでしょう。盛り上がったところで、「アイドルの中には、『もう一つの顔』をもっている人がいるらしい。たとえばね……」と読み聞かせに入ります。

やったぁ！　まさかわたしのアイドル〝天理真知《あまりまち》〟のコンサートチケットが手に入るなんて。一か月後の金曜日に、お姉ちゃんと一緒に行くんだ。ワクワク。天理真知のファンになったのは、今から二年前。わたしが四年生の時なんだ。

胸をときめかせて待った一か月は、意外なほど早くやってきた。

「若菜《わかな》、早くしなさいよ」

お姉ちゃんが、さかんにせかす。わたしならとっくにしたくはできてるわよ。

M駅から電車に乗って、およそ一時間。ついにわたしは、コンサート会場にやってきた。

「わぁっ、すごい行列！」

　この人たち、みんな天理真知のファンなんだろうけど、一番熱烈なファンはきっとわたしよね。長い時間待って、ようやく入場できた会場は、もちろん超満員。さあ、コンサートの幕が開く。そしてわたしの目の前に、あこがれの天理真知が現れた。テレビで見るより、ずっとすてき。

「やっぱりいいわねぇ、天理真知って。……ん？」

　わたしは気づいてしまった。歌っている天理真知の影がない。マイクスタンドやドラム、それに他のダンサーたちの影は、ステージ上にくっきり映っているのに、天理真知の影だけが、どこにもない。何度目をこらしてみても、やっぱりどこにもない。

「へんなの。でも気のせいね、きっと」

　そんなことより、今はこの貴重な時間を、たっぷり楽しもうと思っていた。けれど、そんなわたしの気持ちも、次の瞬間にはどこかへ吹き飛んでいた。ステージに並べられた何枚もの鏡。そこに映った天理真知の姿が、人間じゃなかった。それは、ただの黒い煙でしかなかったの。

「なにあれ。お姉ちゃん、見て」

しかしお姉ちゃんは、ステージにくぎづけ。わたしの声なんかまるで無視。夢中で緑色のサイリウムを振っている。まわりを見回すと、他のファンたちも同じだった。涙を流している人、大声で叫んでいる人、中にはいすの上で飛びはねている人もいる。

「なにこれ。いくらファンでも、熱中しすぎじゃない？　異常だよ」

ふと気がつくと、天理真知がじっとわたしのほうを見ている。なぜか背筋がゾッとした。

異常な興奮の二時間があっという間に過ぎ、フィナーレではファンのみんなが、手にしたペンライトやサイリウムをめちゃくちゃに振り、大声で泣きわめいている。まるで、悪魔にでもとりつかれたかのように……。

帰りの電車でのお姉ちゃんは、すっかりいつものお姉ちゃんだった。

「期待したほどじゃなかったね、天理真知」

あっけらかんと、そんなことを言う。あんなに熱狂して泣き叫んでいたっていうのに。

と、その時だ。わたしの目に、信じられない光景が映った。

（あの席に座ってる人、天理真知にそっくり……）

「ねえ、お姉ちゃん……」

お姉ちゃんは、いつの間にか、ぐっすりと眠りこんでいた。

「お帰りなさい。若菜、さっさとモカの散歩に行ってきちゃいなさい」

やれやれ、帰ってきたばっかりだっていうのに。まあ、そういう約束でモカを飼ってもらったんだから、しかたないか。トイプードルのモカは、しっぽをブンブン振って、早く早くとさいそくした。

いつもの公園まで来たその時だった。モカが一瞬立ち止まり、その後、急に牙をむきだして、「ウーッ」とうなりはじめた。

「どうしたの、モカ」

いつもの、おとなしいモカとはちがう。いったいなにが……。と、わたしがモカの視線の先をたどると、そこにあったのは一本の太いけやきの木。そして、その木のかげから、じっとこっちを見つめる、一人の女の人がいた。

「あの人……」

それは、天理真知にそっくりなあの人だった。そう、煙のような姿のあの人。その人が木のかげから出て、ゆっくりとわたしのほうに近づいてくる。その笑顔がとてもかわいくて、本当に天理真知にそっくりだ。そしてその人が、わたしの目の前で立ち止まり、にっこり笑って、こう言った。

「こんにちは。わたし、天理真知」

まさか。けれど、右の耳たぶに小さなホクロがある。これって、コアなファンだけが知っている、天理真知のとくちょうなの。だとすると、この人は本物の天理真知？

「あなた、さっき、わたしのコンサートに来てくれたわよね」

やっぱり本物じゃない。だって天理真知は、ついさっきまで、ステージで歌っていたんだもの。その人がいきなりこんなところに現れるはずがないもの。

「うふっ、わたしは本物の天理真知なのよ」

ハッ、わたしの心が読まれた。

「そう。若菜ちゃんのことは、なんでもお見通しよ。わたしに影がないって気づいたこともね」

そう言って、大きな口で笑った。なぜかわたしの名前を知っている。

「あなた、天理真知じゃ……、いいえ、人間じゃないわね」

「決まってるじゃない。若菜ちゃんだったら、わたしの本当の姿が見えるはずよ。ほら、よぅく目をこらして、わたしを見つめてごらんなさい」

わたしは言われた通りに、女の人の姿をじっと見つめた。すると、天理真知の姿がぐにゃっとくずれ、黒いかたまりになった。さらにそのかたまりが、ゆっくりと形になっていく。

「悪魔だ！　あんた、悪魔だったの？」

絵本やアニメで何度となく見た、あの悪魔の姿が目の前にある。黒い体にとがった耳。シッポの先はヤリのよう。

【今見ているのは、若菜、あんたがイメージしている、あたしの姿なんだよ。その人間によって、目に見える悪魔の姿はそれぞれなのさ】

「そんなことより、どうしてわたしだけが、悪魔なんかに取りつかれなくちゃならないの？」

すると悪魔は、ニヤッとしながらこう言った。

【人間の中には、何万人に一人、あたしたちの姿が見えるものがいる。そいつらを放っておくと、いつかそいつらは悪魔をしのぐ魔力をもって、あたしたち悪魔のじゃまをするようになるという言い伝えがあるのさ。だから、その魔力に目ざめる前に、あたしたちと同じ悪魔になっ

てもらうのよ】

「何、わけのわかんないこと言ってるの？　わたしにそんな力があるわけないじゃない。それに、悪魔になるなんて、じょうだんじゃないわ」

わたしが一歩、後ろへ下がる。すると悪魔が一歩、前に出る。

【だから言ったじゃないか。『魔力に目ざめる前に』って。さあ、おいで。悪魔の世界はすばらしいよ】

わたしは体を反転させると、全力で走り出す。

「悪魔になんかなってたまるもんか。わたしは人間……」

ハッ！　とつぜん目の前に、巨大な悪魔の顔が現れた。耳までさけた口を大きく開けて。まったく足を止める間もなく、わたしの体はその口に飲みこまれていった。

いったい、どれくらいの時間がたったのだろう。わたしはまっ黒な雲の中を、ふわふわとただよっていた。なんだかとても気持ちがいい。その時、頭の上から、聞き覚えのある声が響いてきた。そうだ、これは天理真知の声だ。

【若菜ちゃん。あなたはもう、りっぱな悪魔になったわ。さっそく任務についてもらうわね。天理真知のようなお仕事にね】

それから間もなく、わたしはライトがまぶしい華やかなステージにいた。司会の声が響き渡る。

「それでは、現在人気急上昇中のアイドルグループ、『ＡＫＭ36』のみなさん、どうぞ！」

そうか。はじめはグループの一員として、この世界に慣れていくのね。ふふ、楽しそう。

えっＡＫＭてなにかって？　それはもちろん、ア・ク・マに決まってるじゃない。

置き忘れたスマホ

■ 読むにあたっての工夫

まず、教師のスマホを取り出します。そして「スマホは便利だけど、こわいこともあるよね。たとえばどんなことだと思う？」と問いかけます。

子どもの意見を聞いた後、「こんなこわいこともあったんだって」と、ひと言言ってから読み聞かせに入ります。

いったい、どこにいったのだろう。わたしのスマホ、どこかに置き忘れたのかなぁ。あれがないと、友だちとラインできないし、ゲームもできない。ううん、それよりなにより、お母さんにガミガミどなられちゃう。

「なくしたら大変なことになるんだから、しっかり管理しなさい」って、しつこいくらいに言われてた。お母さんにばれないうちに、なんとか探し出さなくちゃ。

けれど一日たち、二日たってもスマホは見つからない。そんな、ある日のことだった。

「ねえ、ミク。『頭が痛い』って、かぜでもひいたんじゃないの？」

友だちのまどかが、心配そうな顔で、わたしを見た。

「えっ、な、なんのこと?」

「なに、とぼけてるのよ。昨日、ラインで、そう書いてたじゃない」

なんのことだろう。わたしにはさっぱりわからない。

「そんなはずないよ。だってわたし、スマホを……」

そこまで言って、言葉を飲みこんだ。だって、「なくした」だなんて言えないもの。スマホの中には、わたしたちのラインがたくさん残ってる。いろんな人の悪口だって、書いてあるんだから。

「そ、そうだったね。ううん、なんでもない。もう治ったから」

それだけ言うとわたしは、飛ぶようにして、まどかのそばを離れた。

(頭が痛い? ライン?……そうか。だれかがわたしのスマホを拾って、いたずらしているんだ)

これは、困ったことになった。だれだか知らないけど、きっとわたしのことを知ってる人だ。わたしが困っているのをこっそり見て、楽しんでいるんだ。いったい、どうしたらいいんだろう。

混乱した頭を抱えたまま、わたしは下校する。家に帰ると、なんだか体が熱いのに気がついた。

「あら、ミク。顔が赤いわよ。熱があるんじゃない?」

お母さんが、体温計を出してきた。三十八・二度。どうりで頭が痛いはず……、えっ、〝頭が痛い〟って……。

さっき、まどかが言っていた通りになった。まさか。ぐうぜんの一致ってやつよね、これって。

次の日、わたしは学校を休んだ。熱が下がらなかったからだ。放課後になって、まどかと志《し》保《ほ》がお見舞いに来てくれた。すると二人は、わたしの顔を見るなり、こう言った。

「ついてないわね、ミク。かぜひいた上に、腕までけがするなんて」

腕のけがが？　また、へんなことを言い出した。まどかに続いて、志保が言う。

「でも、ふつうに動かしてるじゃん。大けがだなんて書くから、心配しちゃったよ」

「ミクは、大げさなのよね～」

二人は、顔を見合わせて笑った。けれど、わたしは笑えない。なんだかとってもいやな予感。

二人が帰ると、お母さんがトレイの上にリンゴを乗せてやってきた。

「あら、もう帰っちゃったの？　今、おいしいリンゴをむこうと思ったのに。いいわ、あなたがみんな食べなさい」

ニコッと笑ったお母さんが、わたしの枕元で、リンゴをむきはじめた。その時、電話のベルが鳴った。

「あら、電話だわ。ちょっと待っててね」

この時、わたしはつい、トレイのへりに手をついた。すると、〝カタッ〟と音がして、リンゴとナイフがかたむいた。

「キャッ！」

次の瞬間、果物ナイフが、わたしの左腕をかすめて落ちた。まっ赤な血がサッと流れる。

「痛い、痛い！　お母さーん！」

わたしの悲鳴を聞きつけて、お母さんが飛んできた。

「だいじょうぶよ。今すぐ、手当するからね」

ぐるぐる巻きにされた包帯に、赤い血がにじむ。幸い、大けがにはならなくてすんだけど。

（はっ、腕にけがが？　またラインの通りになった……）

二日後、わたしはどうにか学校へ行けるまでに、回復した。やっぱり最初にやってきたのは、まどかと志保の二人だ。けれど、笑顔でむかえてくれたわけじゃなかった。

「よかったね、ミク。でもさあ、うそつくのだけはやめてよね。あたしたちを心配させて、そんなに楽しい？」

「そうよ。『車にひかれそうになった』だなんてラインしてきて。そんなにまでして、心配してほしいわけ？」

わたしの心臓が、ドクッと鳴った。

だれかが、わたしのスマホで遊んでいる。けれど、そこに書かれたことは、本当になってしまう。

（でも今度はだいじょうぶ。学校にいる間は、車にひかれたりするわけがない。下校の時だけ、じゅうぶんに気をつければ……）

その日、まどかも志保も、口を聞いてくれなかった。なんだか、学校にいても楽しくない。休み時間もひとりぼっち。

（これもみんな、スマホのせいだ。あんなもの、持っていなければよかった）

そんなことをぼんやりと考えながら、わたしは一人で校舎の裏から校庭に出ようとした。その時だ。

「あぶなーい!」

ふと気がつくと、給食センターのトラックが、わたしの目の前にせまっていた。キキッとブレーキの音がして、トラックが止まる。やっぱり、ラインの通りになった。

このさわぎを聞きつけて、何人かの子どもたちが集まってきた。その中には、まどかも志保もいた。その顔が、青ざめている。

昼休みになって、志保がわたしを体育館の裏に呼び出した。まどかもいっしょだ。

「あのさ、今朝、ミクから気になるラインがとどいたから、メモしてきたんだけど、本当にミクが書いたんじゃないんだよね」

もちろんと、強くうなずく。すると志保がまどかと一度顔を見合わせた後、小さなメモを取り出し、わたしに差し出した。そこには、こんな文章が書かれていた。

【みんな、さようなら。もう二度と会うことはできないの】

この先、わたしはいったい、どうなってしまうのだろう。わたしがいったい、なにをしたっていうの？　ただ、スマホを置き忘れただけなのに……。

真夜中の宅配便

■ 読むにあたっての工夫
「みんなの家に、宅配便が届いたこと、ある？」とたずねます。続いて、「どんなものが届いた？」と聞きます。さらに、「この前、うちにこんなものが届いたんだよ」と、中身を見せようとしたところで「やっぱりやめておこう」と引っこめて、子どもたちの好奇心をゆさぶってから話に入ります。

枕元の時計を見た。午前二時。

「だれなのよ、こんな夜中に」

真夜中の二時に玄関のチャイムが鳴るなんて、信じられない。わたしが部屋を出ると、お父さんとお母さんも、そろって寝室から出てきた。

「なんだよ、まったく。安眠妨害もいいところだ」

ぶつぶつ文句を言いながら、お父さんがモニターのボタンを押す。けれどそこにはなにも映っていなかった。

「やあねえ、いたずらかしら」

お母さんが、チェーンを外して、玄関ドアを少しだけ開けた。

「あら、なにか置いてあるわ。宅配便？」

まさか、こんな夜中に配達するはずがない。今度はお父さんがドアを大きく開けて、それを確認した。

「ヤマネコトヤマの宅配便？　やっぱり宅配便だ。それにしても、こんな時間に配達するなんて、非常識もいいところだ」

「そうよ、チャイムを鳴らすのも非常識だし、大切な荷物を玄関先に置きっ放しにするのも、超超超非常識だわ」

お母さんもプンプンだ。お父さんが差出人を確認したけれど、どこにも名前がない。なのに、宛先はちゃんとうちになっていた。ちょっと乱暴に荷物の中身を確かめるお父さん。

「なんだ、こりゃあ！」

入っていたのは、うすよごれたスリッパが一足。これにはわたしも腹が立った。

「これって、いたずらよねえ。それも悪質ないたずら。許せないよね」

「もう一度あったら、宅配の会社に電話しよう」

と、その日はそれで区切りをつけた。それから三日後……。

〝ピンポーン〟

またも夜中にチャイムが鳴った。

「優花《ゆうか》、モニターをチェックして。母さんは電話だ！」

バットをグイッとかまえたお父さんの横で、わたしはモニターをのぞきこむ。

「あれっ、おばあさんだよ」

そう、わたしが見たのは、一人の小さなおばあさん。うつむいたままじっとしている。お父さんが勢いよくドアを開けた。

「いない……。だれもいないぞ」

「うそ！　あたし、たしかに見たのに」

それなのに、そのおばあさんはどこにもいない。けれど、前回と同じように、足元には、ヤマネコトヤマの荷物が届いている。今度は、指先に穴のあいた藤色の手袋だった。

「またこんな、汚いものを送ってよこして。いったい、どういうつもりなんだ」

お父さんがその手袋を箱の中にたたき返す。

「中身もそうだけど、こんな夜中にチャイムを鳴らして配達するほうもおかしいわよ」

と、お母さんが腕組みをしていると、うちの前に一台の車が止まった。それは、ヤマネコトヤマの車だった。中から配達員だという男の人がおりてきた。

「ご連絡をいただいたのは、こちらのおたくですね。うちではこんな非常識な時間に配達するなんてことは、絶対にありません。……はぁあ、この荷物ですか。おや？」

その人が、首をかしげる。

「この箱、うちで前に使っていた古いタイプの箱ですね。今はもう、いっさい使っていない箱ですよ。やはり、だれかのいたずらですね」

それを聞いて、わたしも腹が立ってきた。

「ひどーい。いったいだれよ、こんなのことするの」

「今度また送ってきたら、警察だな」

お父さんの鼻息も荒い。

それから二日後の午前一時過ぎ、またもチャイムが鳴った。お父さんがダッシュで階段をおりてくる。

「優花、モニターをチェックしろ。母さん、そこのバットを取って！」

わたしは大急ぎでモニターをのぞきこんだ。

「えっ、またこのおばあさん……」

そう、そこに映っていたのは、この前も見たあのおばあさん。

「こら、いったいなんのつもりで……」

お父さんがバットをにぎりしめて、勢いよくドアを開ける。

けれどやっぱりそこには、だれもいなかった。そして、今回も置かれていた宅配便の段ボール箱。

「まただ、ヤマネコトヤマの箱。それも古い箱だ」

配達員の人が言っていた、〝今は使っていない古いタイプの箱〟が、ポツンと置いてある。

「まったく、逃げ足の速いやつだ。どこへかくれた!?」

お父さんはカンカンだけど、わたしには疑問が残る。

「でもお父さん。モニターに映ってたのって、おばあさんだったよ。そんなにすばやく動けるはずないよ」

わたしの言葉に、お父さんがゆっくりとバットをおろす。

「おかしな話だな。本当におばあさんだったのか？」

「本当だってば。腰の曲がった小さなおばあさん……」

と、一歩前に出たわたしの足が、その箱に当たった。すると〝カシャン〟とかわいた音がした。

お母さんが、それに反応する。

「なにかしら。セトモノみたいな音がしたけど。開けてみましょうか」

わたしとお父さんが同時にのぞきこむ。すると、中から出てきたものは……。

「なんだ、こりゃあ！」

お父さんのすっとんきょうな声が、夜中の玄関に響いた。

「茶碗にはしに湯飲み……」

その時、お母さんが「あっ」と声を上げた。

「これ、全部お母さんが使っていたものよ。どうして？」

YAMANEKOTOYAMA

ここでいう〝お母さん〟っていうのは、おばあちゃんのことだ。

「……この前届いたスリッパや手袋も、お母さんが使っていたものだったかも」

おばあちゃんが亡くなったのは、わたしがまだ三歳の頃だという。もう八年も前のことだから、わたしはおばあちゃんのことをよくおぼえていない。

するとお父さんが、小さくうなずきながらつぶやく。

「そういえば、ここのところ、お母さんのお墓参りに行ってないな」

それを聞いて、今度はわたしが口を開く。

「おばあちゃん、さみしいんじゃない？　お墓参り、行ってあげようよ」

こうして我が家がそろってお墓参りに行ったのは、次の日曜日のことだった。

「おばあちゃん、ごめんね。これからは、時々来るから」

供えた花が、かすかにゆれた。それ以来、真夜中の宅配便が届かなくなったことは、言うまでもない。

きみは、ゆるキャラ

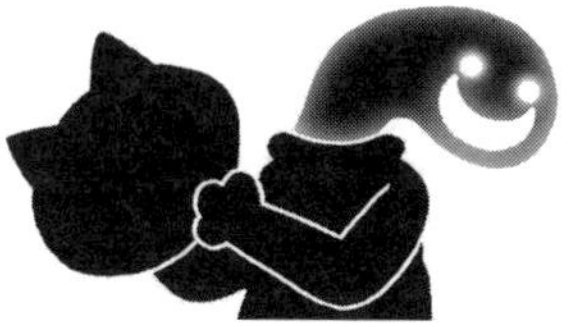

■読むにあたっての工夫
まず、「ゆるキャラ」について、知っていることをたずねます。小さなゆるキャラの写真やぬいぐるみ等があれば、それも活用しましょう。
そして、「ゆるキャラはかわいいね。でも、もしかしたら、『こわいゆるキャラ』だっているかもしれないよ」と、ゆさぶりをかけてから話をはじめます。

今日は日曜日。ぼくは、お母さんと妹の三人で、近くのショッピングモールにやってきた。

「おいしかったね、あのハンバーガー。くじ引きもおもしろかった」

二年生の妹、優香《ゆか》は、こんなことでも大喜びだ。ぼくにはぜんぜん、物足りないけどね。

「あれ、なんだろう」

妹の指さすほうを見ると、白黒ネコの着ぐるみが、小さい子に風船を配ってる。あれもゆるキャラの一種なんだろうな。それにしても、《ネコの着ぐるみ》なんてセンスが悪い。第一ぼくは、ネコが大きらいなんだ。この前は、友だちの飼いネコに、アッカンベーしてやったくらいなんだから。

「ねえ、お兄ちゃん、風船もらいに行こうよ」

「いやだね、優香一人で行けよ」

　するとお母さんが、ぼくをたしなめる。

「啓太《けいた》。そんなこと言わないで、行ってあげなさい。妹でしょ」

　ちぇっ、好きでこんなやつの兄ちゃんになったわけじゃないやい！

　しかたなく、優香を着ぐるみの前に連れて行く。するとその着ぐるみは、片ひざをついて、風船をやさしく優香に手渡した。

「よかったな。ほら、行くぞ」

　と、帰ろうとしたぼくの足が、一瞬止まった。着ぐるみの目がぐるっと動いて、ぼくを見た。そんな気がしたからだ。

（ふうっ、気のせいか。着ぐるみの目が動くわけないもんな）

　ぼくは、優香の手を引いて、お母さんのところに戻った。

「啓太、これ田中《たなか》さんのところにおすそわけするから、届けてきてよ」

と、お母さんが差し出したのは、ぶっといアスパラガスだ。北海道にいる親せきから毎年、この時期になると、どっさり送ってくるんだ。我が家だけじゃとっても食べきれないくらいに。

「え〜っ、テレビ、今いいところなのに」

「録画しておけばいいじゃない。お母さん今、トンカツ揚げてるから、手が離せないのよ」

面倒くさいけど、しかたない。僕は、アスパラガスの袋を受け取って玄関を出た。田中さんの家は、公園の反対側にある。本当は道路を通らなくちゃいけないらしいんだけど、公園を突っ切ったほうが、だんぜん早いんだ。

「トンカツが揚がる前に帰らなくちゃ。急げ、急げ」

ぼくは足を速めた。と、その時だ。

公園のベンチに、なにかヘンなものが座っている。よく見ると、それはネコの着ぐるみ……、いや、正しく言えば、ネコの着ぐるみをぬいで座っている人だった。大人にしては、ずいぶん小柄な人だ。ぼくと身長が、たいして変わらない。

「あれっ、あの着ぐるみ、昼間の風船配りじゃないか」

ぼくがそう思った時、男の人もぼくに気がついたのか、「やあ」と手を上げた。なんとなく感じのいい人だと思った。

「もう夕方なのに遊びに行くのかい？」

「いえ、そうじゃなくて、ちょっと届け物を頼まれちゃって」

ぼくは手にした白いレジ袋を突き出して見せた。それよりぼくには、気にかかることがある。

「あのう、昼間ショッピングモールで、風船を配っていた方ですよね」

すると男の人は、ニコッと笑ってぼくを見た。

「そうだよ。たしかきみの妹にも、風船をあげたと思うけど」

ちょっとびっくり。ぼくと優香のことを覚えていたなんて。

「そうです。ありがとうございました。ところで、ここでなにをやっているんですか？」

「ああ、着ぐるみに風を通しているんだよ。こうしないと、中が汗でくさくなってね」

そう言って、またも笑う。それはいいんだけど、こんな公園に着ぐるみがいるのに、小さい子が集まってこないのが少し不思議だった。夕方だから、みんな家の中に入ってしまったのか。

「いやあ、着ぐるみに入っていると楽しくてねぇ。そりゃもう、最高さ」

着ぐるみが最高？　それって、どういうことだろう。男の人が、話を続ける。

「この心地よさったら、とても口じゃ言い表せないよ。そうだ。きみも一度、着てごらんよ」

「い、いいえ、いいです。ぼく、ネコはきらいだし」

「いいから。なんでも体験だ。ほら、着てみてごらんよ」

なんだか強引だ。まあ、ネコとはいっても、たかが着ぐるみだ。ものは試しで着てみるか。

それにこの人は小柄だから、ぼくが着てもおかしくないかも……。

ぼくは、言われるままに、そのネコの着ぐるみを着てみた。頭のほうも、すっぽりとかぶる。

なんと、ぴったりのサイズだった。けれど、別に楽しいってわけじゃない。まして、〝最高〟なんてわけはない。

「どれどれ、背中のファスナーも閉めてみよう……おお、これぞまさしく『ネコ』そのものだ」

かん高く笑う男の人の声が、着ぐるみの耳を通して不気味に響く。

「わ、わかりました。もう、脱がせてください」

ぼくは、一刻も早く脱ぎたかった。けれど男の人は手を貸してくれない。背中のファスナーは、ぼく自身じゃおろせないんだ。

【ほほう、声までちゃんと『ネコ』になったか。なに？　『ニャー』だって？　なにを言ってる

【のか、人間には通じないぞ。ヒッヒッヒ】

えっ、それってどういうこと？　ぼくは近くに停めてあった車のサイドミラーに、自分の体を映してみた。

「な、なんだこれ。『ネコ』じゃないか！」

そこに映っていたのは、着ぐるみなんかじゃない。正真正銘のネコだった。体の大きさもなぜか、よくいるネコのサイズになっている。振り返ると、男の人はどこにもいなくなっていた。

【だれか、背中のファスナーを開けてくれぇ！】

そこへ、二組の親子連れがやってきた。やった。これで助かる。

【あのう、背中のファスナーを……】

「いやだ。首輪をしていないわ」

「そうね。野良ネコよ、きっと。保健所に連絡したほうがいいわね」

なぜだ！　どうして、ぼくの言うことを聞いてくれないんだ！　その時、ぼくの頭に、あの男の人の言葉がよみがえった。

【ほほう、声までちゃんと『ネコ』になったか】

ということは、ぼくがいくら訴えても、外の人には「ニャー」としか聞こえないのか。

やがて、一台の車が公園の前に止まり、二人の男の人がケージのような物をおろした。中にエサがぶら下がっている。そうか、これでぼくを捕まえようってわけだな。そんな手に引っかかるものか。ぼくは素早く、木のかげにかくれる。すると一人の人がこう言った。

「こいつ、頭がいいな。よし、ケッチポールを使おう」

そして輪っかのついた棒のようなものをかまえておりてきた。なんだろう。これをどうするんだ。そう思った次の瞬間、ぼくの首は、輪っかの中に捕らえられた。そう、ぼくは、保健所の人に捕まったんだ。

【ちがう！　ぼくはネコじゃない！】

「ニャーニャーうるさいやつだな。これだから、野良ネコはいやだよ」

ケージの柵の向こうに、遠くなっていく公園と、ぼくの家が小さく見えた。

わけありの家

■読むにあたっての工夫

まず、一軒の家の写真を見せ、次に感想をたずねます。さらに「見たところ、ふつうの家だよね。でもね、その家の本当のことは、実際住んでみないとわからないんだよ」と前置きをして話に入ります。

見せる写真の家は、モデルハウスの家など、差し障りのない家を選びましょう。

お母さんったら、とっても上機嫌。

「こんなにいい物件が見つかるなんて、本当にラッキーだったわ」

それに比べてお父さんは、なんだかちょっと元気がない。

「すまないな、ぼくのせいでこんなに苦労をかけて」

じつはお父さんの会社、倒産しちゃって、これまで会社で借りてくれてたマンションを出なくちゃならなくなったの。それで、新しく住む家を探しに不動産屋さんに来たってわけ。できるだけ安い家を探していたんだけど、なかなか見つからなくてね。今日、やっといい家が見つかったのよ。

「信じられないな。まだ新しい４ＬＤＫの家なのに、家賃がたったの五万四千円だなんて」

「いいじゃない、お父さん。あたし、気に入ったよ、さっきの家」

と、笑顔なのは妹の理奈《りな》。そういうわたしは秋山理乃《あきやまりの》。小学校六年生よ。

けっきょくわたしたちはその家に住むことになり、バタバタと引っ越しの準備がはじまった。前に住んでいたマンションとは同じ学区だから、転校する必要もなかったの。

「いやだ、理乃。本当にあの家に引っ越しするの？」

わたしが引っ越しの話をしたら、友だちの雪菜《ゆきな》がへんな目で見た。

「理乃、知らないの？　あの家ってこのあたりじゃ、ちょっとした心霊スポットよ」

「あはは、やめてよそういうの。あたしはぜーんぜん信じないし、気にしない～っと」

そう言って、笑い飛ばしてやった。だけど本当は、あまりいい気分じゃなかった。

そんなこともあったけど、とうとう引っ越しの日がきて、家の荷物が丸ごと大移動。

「今日からここがあたしたちの家。お母さん、すっごく気に入ったわ。前の家よりスーパーにも近くなったし、バス停だってすぐそばだし。いいところに引っ越せたわね」

その時、理奈が、ポツリとこんなことをつぶやいた。

「あのね、お友だちが、この家は心霊スポット……」

わたしはサッと理奈の手を引いて、部屋の外に出た。

「いい？　それはデマ。つまりウソ。そんなこと気にしなくていいの」

まったく、よけいなことを言いふらす人が多くて、頭にきちゃう。

それから一か月、二か月と、何事もなく時がたったある日のこと……。

「ただいま！　……なにこれ」

わたしは、玄関ドアに張られた一枚の紙に目をとめた。

いよいよ今日からはじまります。ご注意を。◯◯不動産

◯◯不動産っていうのは、この家を売ったお店。けれど、この張り紙はいったいなに？

「ただいま。お母さん、あのね……」

そこまで言った時、キッチンのほうでお母さんの声がした。

「あら、かわいい。理乃、お客さんよ。見てごらんなさい」

わたしがキッチンに行ってみると、お母さんが手のひらになにかを乗せている。

「ほら、ヤモリよ。昔から家に現れたヤモリのことを『お客さん』っていうのよ」

へえ～、そうなんだ……って、それどころじゃない。わたしは破いて持ってきた張り紙をお母さんの鼻先に突き出した。

「なによ、これ。不動産屋さんの名前までちゃんと書いてたりして、悪質ね」

まったくよね。いったいなにがはじまるっていうのよ。それにしても、かわいいヤモリ。わたしはランドセルを背中からおろして、二階に上がった。これから友だちと遊ぶ約束をしてるんだ。

「どれ、着ていこうかな。……えっ？」

どこかで〝キューッ〟と聞こえた。音？ それとも声？

「あっ、ここにもお客さん。あんたが鳴いたのかぁ。ヤモリって、こんな声で鳴くんだ」

まるで、生まれたてのネコの赤ちゃんみたいな声。わたしの勉強机の横に張りついていた。

すると再び〝キューッ〟という鳴き声が。今度はわたしの背中のほうで聞こえた。振り返ると、柱の高いところに張りついている。〝キューッ〟。今度は天井だ。

「どうしてこんなに、ヤモリがいるの？」

わたしは早足で階段をおりて、キッチンに戻った。

「ねえ、お母さん。わたしの部屋にヤモリがいっぱい……。お母さん？」

お母さんがいない。買い物にでも行ったのかなあ。あきらめて、リビングに行こうとしたわたしの心臓が、ドクッと大きな音を立てた。だってそこに、ネコくらいの大きさのヤモリと、その半分くらいのヤモリがのそっと動いていたから。それは、〝ヤモリ〟というよりは、イグアナとかオオサンショウウオのような感じだった。

「な、なによ、これ」

その時、玄関のドアが開いて、お父さんが帰ってきた。

「お母さんから電話があって、『すぐに帰ってきて欲しい』っていうんだ。なんだかおかしな電話でなぁ、お母さんの声に混じって〝キュッ、キュッ〟って音がずっとしていたんだ」

「お父さん、それ、音じゃなくて、声だよ。鳴き声。たぶんだけど……」

わたしはさっきのできごと、つまりヤモリのことを早口で説明した。

「本当かい、理乃。信じられないな、そんな話」

信じられないのは、もっともだ。わたしはお父さんのスーツのそでを引っ張って、キッチンに連れて行った。けれどそこにヤモリはいなかった。

「いないじゃないか。……ん、あの音だ。電話の向こうで聞こえていた音だ」

たしかに聞こえる。〝キューッ〟というあの音、いや、鳴き声が。

「こっちだ。寝室のほうから聞こえる。行ってみよう」

わたしとお父さんは、胸の鼓動を押さえながら、寝室の前まで来た。聞こえる、聞こえる。お父さんがドアを勢いよく開けた。

「うわぁっ、なんだ、これは！」

床が薄茶色に変色していた。それもそのはず。無数のヤモリがびっしりと床一面にうごめいていたからだ。

「おれは、○○不動産に電話して事情を話す。なにか、原因と対策がわかるかもしれない。理乃はネットで、ヤモリの駆除について調べてくれ。すぐにだ！」

わたしは言われた通り、パソコンに「ヤモリの駆除」と入力した。

「ええと、ヤモリを退治するには……。お父さーん、わかったよ。蚊取り線香をたくといいんだって。ねえ、お父さん」

返事がない。わたしはパソコンをそのままにして、電話のある場所に移動した。けれどそこに、お父さんはいなかった。そこには床に落ちた受話器と、そのそばでゆったりと動く、犬ほどもある巨大なヤモリがいるだけだった。

「お父さん……。お父さんなの？　だとすると、さっき見たのは、お母さんと理奈だったの？」

家族がみんな、ヤモリになった。うそみたいな話だけど、現実なんだ。わたしは飛ぶようにして玄関を飛び出し、〇〇不動産に向かった。

「おやっ、この間のお客さんのおじょうさん。どうしました？　そんなに息を切らせて」

〇〇不動産の店主は、きょとんとした顔でわたしを見た。

「あの、大変なんです。ヤモリが……」

すると店主は、平然とした顔と声でこう言った。

「だから、張り紙をしておいたでしょう。それに、あんなにいい条件でお売りしたんだ。それぐらいのことは、がまんしてもらわないと。おじょうちゃん、もうすぐですよ、あなたがヤモリさんになるのもね」

そして楽しそうに笑った。

【キュッ、キュッ】という笑い声で……。

貯水池の人面魚

■ **読むにあたっての工夫**

壁のシミ、光や影の形など、一見、人の顔に見える何枚かの写真（インターネットで入手可能）を見せます。

「見ようによっては、いろいろなものが人の顔に見えるものなんだね。では、こういう話の場合はどうだろう」と興味をもたせてから、話に入ります。

学区のはずれに、古い貯水池がある。もちろん《ここで遊んではいけません》っていう立て札が立っていて、がんじょうな柵も張りめぐらされている。けれどついこの前、その柵の一部がこわれている、という情報が入ったんだ。

「今度、貯水池に行ってみないか？」

と言ったのはぼく、武田《たけだ》ひろき、小学五年生。

「いいねえ、おもしろそう」と賛成したのは山田悠人《やまだゆうと》。もちろんクラスメイトだ。

「やばいよ。見つかったら大変だぞ」と言いながら、興味しんしんなのは松葉亮《まつばりょう》。こいつもクラスメイトさ。悠人は、「魚がバンバン釣れる」とも教えてくれた。

それから数日たったある日の放課後、ぼくたちは安物の釣りざお一式を持って、貯水池前で待ち合わせた。

「おっ、本当だ。ここの金網、やぶれてるじゃん」

悠人がうれしそうに、もぐりこむ。続いてあたりをキョロキョロ見回しながら、おっかなびっくり入ったのが亮。そして最後に、ぼくが入りこんだ。

「うわ〜、草ぼうぼうだな」

「無理ないよ。ずっと立ち入り禁止だったんだから」

「今でも『立ち入り禁止』だけどな」

ぼくのジョークに二人も笑った。草をかき分けて進んでいくと、すぐに池に到着。

「こんなところに、魚なんか本当にいるのか？」

と、悠人が池をのぞきこむ。続いて亮も。その亮が、「あれっ？」と首をかしげた。

「今日って、風吹いてないよね。どうしてこんなに水面が波立ってるんだ？」

言われてぼくたちものぞきこむ。本当だ。風もないのに、水面にさざ波が立ってる。

「えーっ、これじゃ、魚が見つけられないじゃん」

と、ぼくが不満げな声を上げたそのとたん、そのさざ波がパタッと静まり、あっという間に鏡のようにおだやかな水面になった。これっていったい、どういうことだ？　ぼくたちはいっせいに顔を見合わせたけど、それよりも、釣りができそうなムードになってきたことのほうがうれしかった。さっそく悠人がエサのついた釣り針を放りこむ。ぼくと亮は、とりあえずようす見だ。一分、二分……、と、その時だ。一匹の大きな魚が、糸のそばをスーッと横切った。

「うわっ、でっかい。なんだ、あれ！」

体長は四十センチくらいあっただろうか。まさか、あんな大きな魚がいるとは思わなかった。と、その魚がもう一度糸に向かって泳いできた。その時、ぼくは自分の目を疑った。その魚の顔が、となりにいる亮にそっくりだったから。

「マジかよ、人面魚じゃん。それも亮にそっくりな」

ぼくと悠人は思わず笑ってしまった。それほどそっくりだったんだ。それだけじゃない。その《亮の人面魚》が見事、悠人の針に食いついた。

「よっしゃ、釣り上げるぞ～！」

と、悠人が力一杯にさおを引いたその時、ぼくの近くから悲鳴が聞こえてきた。

「いててっ！　痛い、痛い！」

　それは、亮の悲鳴だった。それだけじゃない。口の中からまっ赤な血が、あふれ出している。

「どど、どうしたんだよ、亮！」

　次の瞬間、「亮フィッシュ」の口から針がはずれ、それとともに、亮の痛みもおさまった。

「いったい、どういうことなんだ……。ん？　あの魚……。ほら見ろよ！」

　ぼくが指さしたその先に、別の魚がいた。ゆっくり泳いで、近づいてくる。その顔が……。

「悠人だ。今度の魚は、悠人の人面魚だよ」

　そう。それはまさしく悠人そっくりの顔をした魚だったんだ。

「く、来るなぁ！　こっちへ来るなぁ！」

　さきほどの恐怖心からか、いきなり亮が、狂ったような叫び声を上げ、足元の石を拾い上げる。そしてそれを、悠人の人面魚に向かって、思い切り投げつけた。

【ボコッ】と鈍い音がして、それとほぼ同時に今度は悠人が悲鳴を上げた。

「痛っ！」

顔面を押さえてうずくまる。その指の間から、まっ赤な血が流れ落ちた。

「さっきの石、悠人の人面魚の顔に当たったんだ」

悠人のおでこあたりから、血がふき出している。ぼくは持っていたタオルをしぼり上げ、悠人のおでこに強く巻きつけた。そして言った。

「も、もう帰ろう。ここにいちゃいけないんだ。早く、早く！」

ぼくたちは釣りざおを投げ捨てて、もと来たコースを早足で戻った。いつの間にか、すっかり夕方になっていた。足元も見づらくなっている。と、その時だ。

「あれっ、ぼくたちだけじゃなかったのか」

いつの間にか、一人の男の人がいて、釣りざおをたれている。向こうもぼくたちに気づいたようで、声をかけてきた。

「おっ、ぼくたち、入っちゃいけないところに入ったな。まあ、わたしもそうだがね。どうやら一匹も釣れなかったみたいだな。わたしもさっぱりだ」

そう言って笑ったその時だった。一匹の魚が水面をゆったりと泳いできた。

「いよっ、こりゃでかいぞ。網ですくったほうがよさそうだ」

そう言って長い網を取り出し、その魚をねらった。もう薄暗いので、ようすはよくわからない。けれど、一発でその魚をすくい上げたことはぼくたちにもわかった。

「やった、やった。どうだい見てくれ、この大物を」

そう言って、その釣り人はライトで釣り上げた魚を照らしてみせる。それを見たぼくの心臓が、ドクンと鳴った。だってその魚の顔が、ぼくにそっくりだったから。

「さて、こいつを今夜は刺身にして食うか、それともフライにしていただくか。どっちにしてもうまそうだ」

その言葉に、ぼくの全身がこおりつく。

「や、やめて、おじさん。その魚、池に戻してあげて！」

ぼくの言葉に、釣り人はちょっとムッとしたようすになった。

「なんだいぼうや。自分たちが釣れなかったからって、そんなことを言うもんじゃないよ」

その時、ぼくの足元に、くち果てた古い看板が転がっているのが目に入った。そこにはこう書かれていた。

【ぜったいにここで釣りをしてはいけません。あなたに不幸が訪れます】

わたしのお人形

■読むにあたっての工夫
「ふとんに入っても、なかなか眠れなかったことがある人」とたずね、その時のようすや心境などをインタビューします。そうして、夜中の静寂の心細さを想起させ、ゆっくりとしたペースで話に入ります。
間の取り方が重要なストーリーです。

ある夏の夜、わたしは珍しく夜中にのどがかわいて、一階におりた。壁のデジタル時計が、午前一時三十六分であることを告げていた。

「今夜はどうしてこんなにのどがかわくんだろう」

キッチンへ行き、冷蔵庫の扉を開ける。白く冷たい光が、あたりをボウッと照らし出した。キンキンに冷えたマンゴージュースを取り出し、一気にのどの奥へと流しこむ。

「ああ、おいしい」

満足したわたしは、二階の部屋に戻る。トントントンと、階段を三段上がったところで、何気なく顔を上げた。

「ヒイイッ!」

心臓が止まるかと思った。だって階段の中頃に、一体の人形が座っていたから。

(さっきは、なかったはずなのに。だれ? こんないたずらしたのはだれなのよ)

わたしのほかに、この家にいるのはお父さんとお母さん。それに高校生のお兄ちゃん。けれど今頃みんな、ぐっすり眠っているはず。それに階段をおりてきた気配もなかったし。

「ねえ、お父さん、お母さん! お兄ちゃんでもいいよ。だれか起きてきて!」

できる限りの大声で家族を呼んだ。けれどだれ一人、わたしの前に現れてはくれなかった。

「由実香《ゆみか》、由実香ったら、起きなさい。どうしてこんなところで寝てるのよ」

その声に目を開けると、お母さんの顔があった。

「あっ、お母さん。お人形は? もういない?」

「なに言ってるの? いやだ。もしかして寝ぼけて、ソファで寝てたってこと?」

わたしはあの後、いつの間にか、リビングのソファで眠ってしまったらしい。時刻は午前六時四十分。もうすっかり朝だ。

わたしははね起きて、階段の下から上を見上げた。いない。

「ねえ、お母さん。お人形はどうした？　どこかへ片付けたの？」

「なによ、さっきから人形、人形って。それがいったいどうしたっていうの？」

お母さんは、なにも知らないみたいだ。隠しているようすも、とぼけている感じもない。本当に知らないんだ。だとすると、後はお父さんかお兄ちゃん？

わたしは朝食の時に、二人にたずねてみた。まずはお兄ちゃん。

「なんだよそれ。第一、人形ってなんの人形だよ」

続いてお父さん。

「由実香、人形なんて持ってたか？　そんな、女の子っぽいところがあったっけ？」

どうやらこの二人も、本当に知らないようすだった。だとしたら、あれはいったいなに？

「そんなの、ただ由実香が夜中に寝ぼけて、スリッパかなにかを見まちがえただけのことじゃないのか？　あっ、いけね。部活に遅れちゃう」

わたしが寝ぼけただけ……。そうなんだろうか。できればそうだと思いたい……。

それから二日後の夕方、お母さんが大きな声でわたしを呼んだ。

「なあに、お母さん」

「ほら、これじゃないの？　大騒ぎしたお人形って。古い掃除機を下取りしてもらおうと思って、押し入れの奥を探してたら出てきたのよ」

そう言って、見覚えのある人形をわたしの目の前に、ぬっと突き出す。

「うわっ！」

なぜか、そんな声が出た。そう、わたしが夜中に見たのは、たしかにこの人形。小さい頃から大好きで、大切に大切にしてきた人形。「今どき日本人形を大切にする子って、少ないのよね」って、近所のおばさんが言っていた。けれど、いつの頃だったか、わたしはこの人形にあきてしまった。おそらくその時に、押し入れの奥に突っこんだきり……。

「いらない！　わたし、もうその人形はいらないから、今度の燃えるゴミの時に出しちゃって」

「あらぁ、あんなに大事にしてたのに？　本当にいいの？」

わたしは大きくうなずく。もうこの人形に、愛着も、かわいらしさもなにも感じない。ただ感じるのは恐怖感だけ。

三日後の金曜日、人形はゴミの集積場に、ボンと投げ出された。

その日の夜、わたしはなかなか寝つけないでいた。寝つきのいいわたしにしては、珍しいことだ。十時には明かりを消したのに、今はもう、日付が変わろうとしている。ベッドに入ってそろそろ二時間。なんだかトイレに行きたくなってきた。この夜もまた、この家で起きているのはわたし一人……。さっさとトイレをすませ、もう一度ベッドにもぐりこんだ。

「眠れるといいけどな」

けれどやっぱり眠れない。時刻が一時半を回っていた。

「明日、起きられないよ。どうしよう」

ごろりと寝返りを打つ。すると、わたしの目の前に、あのお人形がいた。わたしのとなりに寝ていたのだ。

【ゆみちゃん、遊んでよ。またいっしょに、遊ぼうよ】

「キャーッ！」

わたしの意識は、そこでプツンと切れた。

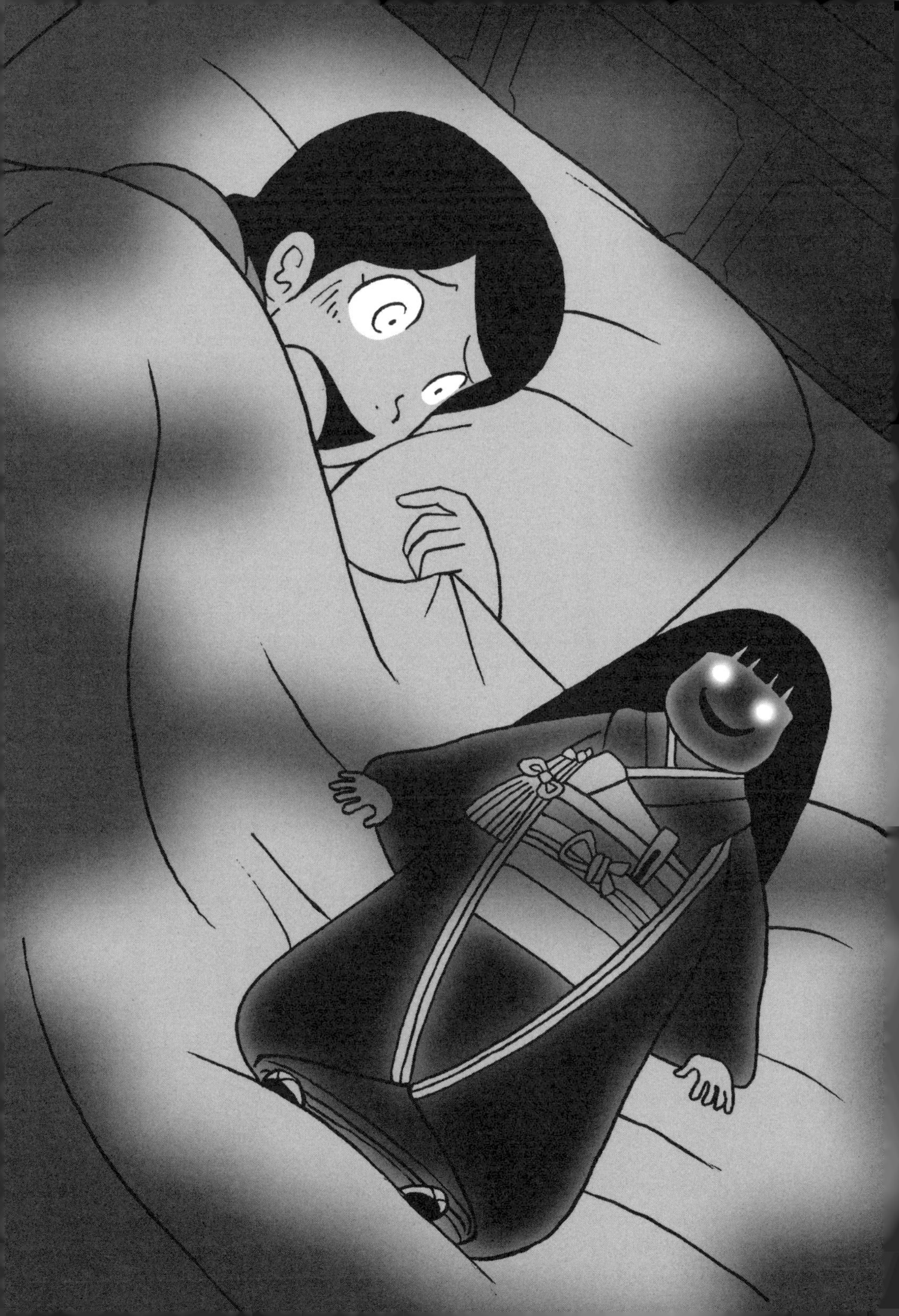

キャンピングカーが欲しい！

■読むにあたっての工夫

「ここで食事をして、ここで寝て……」といった説明を加えながら、キャンピングカーの写真を見せます。そして、「ここに、何人寝ているんだろう」と問いかけ、子どもたちの予想よりも、一人多い人数を教師が口にします。「先生には、〇人に見えるぞ。だって、ここにもう一人……」などと、子どもを引きつけて、読み聞かせに入ります。

お父さんが、かっこよく見えた。だって、「キャンピングカーを買う！」って、家族の前で宣言したからだ。キャンピングカー。それは、ぼくにとってのあこがれでもある。だけど、とんでもなく高い買い物なんだって、お母さんが言っていた。

「それがさあ、安くていいのが見つかったんだよ。信じられないくらい、安いんだ」

お父さんは、こうふん気味にお母さんを説得にかかる。ぼくも、どっちかっていうと、お父さんの味方だな。

「そんな車を買ったとして、いったい、いつ行くの？　だれが行くの？」

この冷めた意見を言っているのは、お姉ちゃんだ。お姉ちゃんは、どっちかっていうと、お母さんの意見に近いみたいだ。お父さんが、カタログを広げる。

「ほらほら、これを見てみろよ。家族四人がのんびり過ごせて、ゆったり寝られる。それになんてったって、売り出し価格が、ほかの車の半分以下なんだぞ」

「そこがあやしいっていうのよ」

お姉ちゃんが、またまた水を差す。お母さんもそれに同調するんだな、これがまた。

「どこか、こわれてるんじゃないの？　そうじゃなかったら、事故車だとか」

「それも全部調べたんだけど、まったく問題がないんだよ。今度の土曜日に、その車を見に行く予約をとってあるんだけど、みんなで見に行かないか？」

なんだ。そんなところまで、勝手に進めてるのか。けっきょくぼくたち三人とも、特に予定はなかったので、「見るだけは見る」ということで、出かけることになった。

土曜日は、曇り空だった。

「これくらいの天気のほうが、キズとかよごれとか、よく見えていいんだ」

かなり、調子のいいことを言ってる。よほど、気に入ってるんだな。

バスに三十分くらい乗ったところで、ぼくたちはおりた。

「ほら、ここだ。キャンピングカーがずらっと並んでるだろう」

お父さんが、自分の店みたいに得意になって話しているところに、一人のおじさんがやってきた。このショップの店主らしい。

「やあ、お電話をいただいた、山中さんですね。よく探しましたね、あの車」

「ええ、ネットでね」

お父さんが胸を張ってそう言うと、店主は、はてと首をかしげた。

「あの車は、ネット広告には載せていないはずなんですけどね。ちょっとわけありなものでで」

「は？　そんなはずはありませんよ。ちゃんと調べたんですから。まあ、そんなことはいいから、現車（実際の車）を見せてくださいよ」

なおも首をかしげながら、店主がぼくたちを案内する。何台も並んだ一番奥に、そのキャンピングカーはあった。

「おっ、これだ、これだ。十二年落ち（十二年前に売り出した車）だけど、たったの四万キロしか乗ってない。それでこの値段。どうだ。すごい掘り出し物だろう」

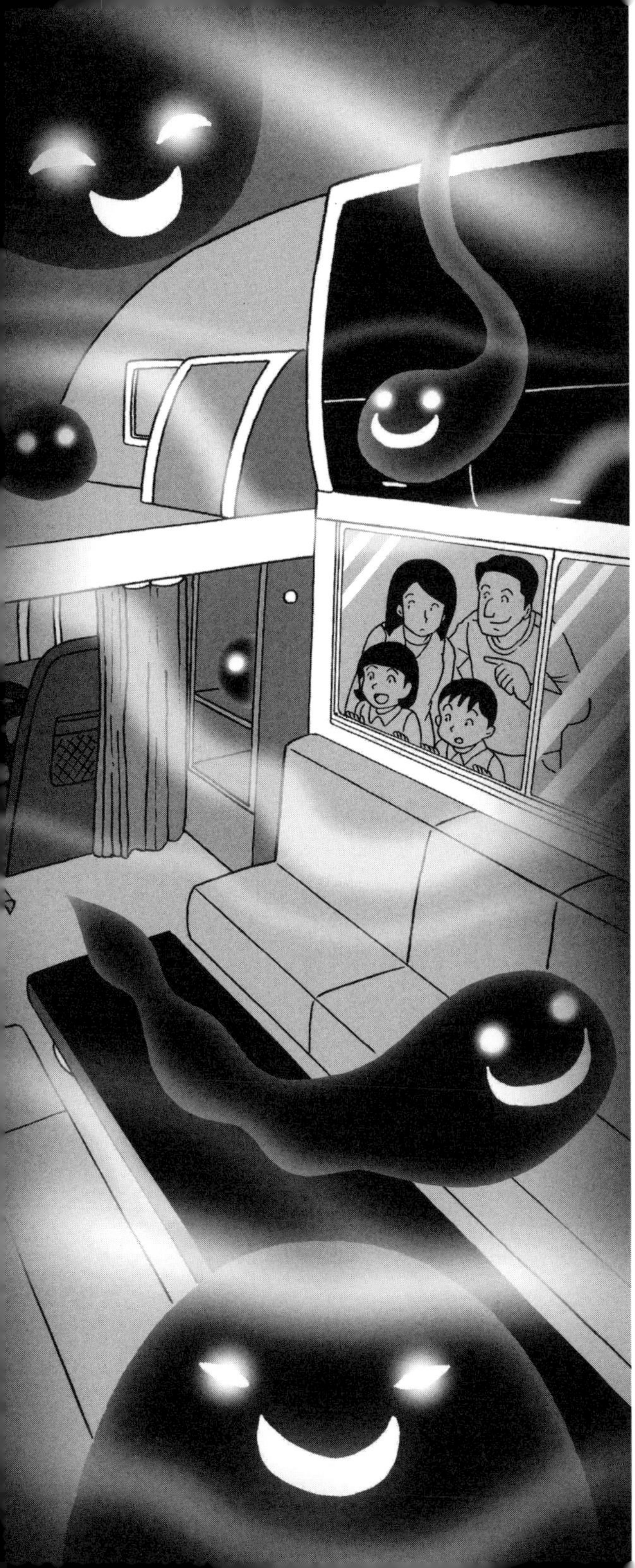

キャンピングカーで、十二年落ち、四万キロというのは、まだまだ古いうちには入らないいんだそうだ。詳しいことはわからないけれど、たしかにほかの車に比べて、だんぜん安い。中も見せてもらったけど、まるで新車みたいに、きれいだった。

「どうしてこんなにお安いんですか？」

お母さん、今度は「安すぎる」というところが引っかかるみたいだ。

「それがね、みなさん、なぜか短期で手放されるんですよね。どこも調子悪くはないんですが。お客さんで、八人目のオーナーになるんですよ。もし、お買い上げくださるならの話ですがね」

「ほーらほら、やっぱりなにか理由があるのよ。だからみんな、すぐに手放しちゃうんじゃない?」

お姉ちゃんが、グッとつっこみを入れる。そこに店主が割って入った。

「さっきも言ったように、どこかが調子悪くて手放した人はいませんね。特に理由は言わないんですけど、なぜかみなさん、お乗りになる期間が短いんです。それだけですよ、お安い理由というのは。一度だって、事故を起こしたことはありませんしね」

これでがぜん、お父さんのテンションが上がった。

「ほら。なにも問題はないんだよ。よしっ、この車で決まり!」

「そうねぇ。この値段なら、なんとかなりそうだわ」

お母さんのこのひと言で、目の前のキャンピングカーは、我が家のものとなった。

最初の出動は、買ってから一週間後の土曜日だった。まずはお試しとして、二時間ほど走ったところにある、ＲＶパークに宿泊の予定だ。「ＲＶパーク」っていうのは、電源付きの駐車場。キャンプ場ほどしっかりとした施設があるわけじゃないけれど、電源だけは車の中で使える「電源やトイレ付きの駐車場」といった所なんだと、お父さんが説明してくれた。

「さあ、着いたぞ。今日はめいっぱい、楽しもう！」

やっぱり一番張り切っているのは、お父さんだ。到着すると、途中のスーパーで買ってきた食材を使って、お母さんが下ごしらえをする。お父さんも手伝いはするものの、早くもビールを飲みはじめちゃったので、あまり役には立たない。ぼくとお姉ちゃんは、車の中でテレビを見ていた。夕方にみんなであたりを散歩して、それから温泉に入る。暗くなったらキャンピングカーの中でコンロを出して、「あったか鍋」のはじまりだ。お父さん、今度は日本酒を飲んでいる。お母さんもちょっぴり飲んで、機嫌がよくなった。

「正解だったかもしれないわね、このキャンピングカーを買って」

おっと、まさかお母さんがそんなことを言うとは。

こうして夜が更け、みんながあくびをしはじめた。

「そろそろ寝るか。温泉に入って、おいしいものを食べて、一家だんらんを楽しんで寝る。

うーん、これって最高のぜいたくかも」

お父さん、おおてがらを立てたみたいな得意顔になって、やがていびきをかきはじめた。

「ん？　なんだ？」

夜中に、のどがかわいて目が覚めた。かすかな明かりが、白い天井を浮かび上がらせている。ぼくは二段ベッドの上の段に寝ている。だから、ダイネット（テーブルとソファのスペース）のようすが上から見下ろせた。

「だれ？　お母さん？　お姉ちゃん？　なに飲んでるの。ぼくも飲みたいよ」

目をこすりながら、ベッドからおりた。

「はっ！」

いっぺんで、目が覚めた。だってソファに座って飲み物を飲んでいたのは、お母さんじゃない。お姉ちゃんでもない。お父さんはいびきをかいて寝ているし。それじゃあ、今ここにいるのは、いったいだれなんだ。ぼくの目が、その「だれか」に吸い寄せられる。そしてゆっくりと、ぼくのほうへ視線を向けた。見たこともない女の子だった。

「うわわ～っ！」

ぼくの声で、みんなが飛び起きる。

「なぁに？　だれよ、寝ぼけてるのは」

お姉ちゃんが、バンクベッド（運転席の上にあるベッド）から身を乗り出す。お母さんが、明かりをつけた。

「どうしたんだ。人騒がせだぞ」

「だって、ほらそこにだれかいる……。あれっ？」

明るくなった車内のダイネットには、だれもいなかった。

「まったくもう。あーあ、寝直し、寝直し」

そう言って、みんなはまた眠ってしまう。そういうぼくも、いつしか眠りに落ちていった。

翌朝、テーブルの上には、飲みかけのココアがマグカップに残っていた。だれも飲んでいないんだ、ココアなんて。じゃあ、このココアを飲んだのは、いったいだれなんだ……。

たったの一度だけ

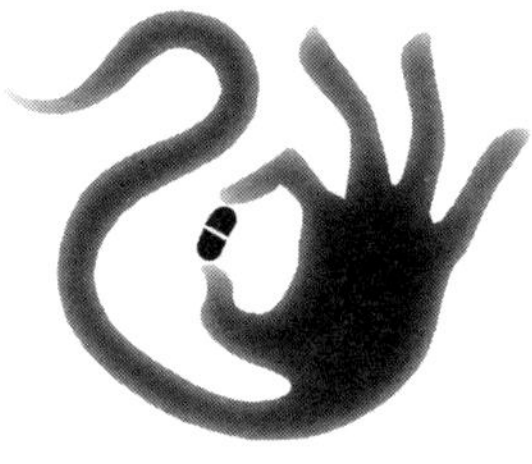

■読むにあたっての工夫

まず、子どもたちにもなじみのありそうな薬のパッケージを提示し、作品への興味を高めます。次に薬を飲み忘れたり、飲み方をまちがえてしまった経験があるかたずねます。教師の経験（間接経験でも可）から、薬の副作用で苦しい思いをした話をしますが、必要以上に警戒心をあおる例は避けましょう。

朝起き上がると、体がフラフラとした。

「あらぁ、熱があるんじゃないの？」

お母さんが、体温計を取り出して、ぼくの脇の下に差し込む。

「うーん、三十七度三分か。念のために、お医者さんに行っておこうか。ほら、わりと近くに新しいクリニックができたじゃない」

というわけで、ぼくはその日、お医者さんに寄ってから、遅れて登校することにした。

〝新しいクリニック〟というのは、大通りから少し奥に入った裏通りにあった。どうしてこんな、人通りの少ない、さみしい場所に建てたのかな。

新林《しんばやし》クリニック。名前だけはイマっぽいんだけど……。玄関ドアを開けて中に入ると、なんとなくほこりっぽいにおいがした。新築なのに、どうしてこんなにおいがするんだろう。

待合室は、うす暗くてテレビもない。ぼくはちょっと不安になってきた。

「ねえ、お母さん。ほかのクリニックにしない？　なんだかここ、気が進まない」

「なに言ってるの、弘樹《こうき》。これがここのウリなのかもしれないわ。オリジナリティってやつ」

やれやれ、うちのお母さんは、とにかくポジティブなんだ。

「杉田《すぎた》さーん。杉田弘樹さーん。どうぞお入りください」

ごくふつうの看護師さんに呼ばれて診察室に入ると、ごくごくふつうの先生が、にこやかにぼくを迎えてくれた。

「ただのかぜですね。じつはよく効く最新の薬があるんですよ。そのお薬を出しておきましょう。薬局は、クリニックを出てすぐ左側です」

最後まで、笑顔の絶えない先生だった。

「へんな心配する必要なかった。感じのいい先生だったね。看護師さんも」

「でしょ？　弘樹は少し、心配性なのよ。だれに似たのかしら」

などと言っているうちに、薬局に到着。

〝はからめ薬局〟――へんな名前だ。

「はあ、この薬をお飲みになるんですか。ちゃんと先生が処方してくださったんですよね。ふーん、じゃあまあ、お出ししましょうか」

おいおい、薬剤師さん。患者を不安にさせるような出し方をするんじゃないよ！

「はい、このお薬です。先生から、特になにか言われていませんか？　はあ、そうですか。じゃあ説明しますから、よーく聞いてくださいよ。この薬は必ず食前に飲んでください。いいですか、『必ず食前に』ですよ」

しつこいな、と思った。一度言えばわかるよ。

薬局を出ると、まっすぐ家に帰った。朝は気分が悪かったから、朝食を食べていないんだ。学校へ行くつもりだから、なにか少しでも食べておかなくちゃ。

朝食はシリアルにヨーグルト。もちろん、食事の前には薬局でもらった薬を飲んださ。

「じゃあ、行ってきま～す！」

「だいじょうぶ？　無理しちゃだめよ」

「わかってる。あの薬を飲んだら、なんだか急に気分がよくなったんだ」

これは、気のせいなんかじゃない。本当によくなった。熱もあっという間に下がったし、フラフラすることもない。よく効くなぁ、あの薬。

学校に着いてからは、いつもとまるで変わらない過ごし方ができた。休み時間も、ドッジボールでしっかり汗を流したし、給食だって、ガッツリおかわりをした。

「コウちゃん、仮病だったんじゃないのか？」って、何人もの友だちからそう言われたよ。


「ただいま～！」

いつもより大きな声で、ぼくは玄関のドアを開けた。

「あら、元気になったみたいね。よかったわ。お薬、ちゃんと給食の前に飲んだ？」

薬？　そうだ。薬のことなんか、すっかり忘れていた。もう飲む必要なんて、ないくらいだ。でも、薬がへっていないとお母さんに怒られそうだから、今から飲んでおこうっと。別に、食前に飲もうが、食後に飲もうが、たいしたちがいはないさ。ぼくは洗面所に行って、こっそり薬を飲んだ。五年生になると、これぐらいの知恵ははたらくんだ。その夜にはもう、すっかり元気になっていた。

「あの先生、『最新の薬』って言ってたけど、この頃の薬って、本当によく効くのねえ」

「よかったじゃないか。おなかでも出して寝たんだろう」

お父さんが、ビールの泡をズズッとすすりながら、そんなことを言う。ぼく夕食の前に、二人の目の前で、その「最新の薬」を飲んだ。よしよし、今度は忘れなかった。

その夜、ぼくはあっという間に眠りに落ち、気がついた時にはもう朝だった。

「おはよう、お母さん。お父さんはもう出勤したの?」

「そうよ、今日は早出なんですって、それより弘樹、あなたどうしたの、昨日の夜は」

「昨日の夜? すぐに寝ちゃったから、なにも知らないよ。なにかあったの?」

お母さんが、心配そうな顔でぼくを見つめる。

「夜中になにか叫んでいたわよ。『ウオーッ』って、まるでオオカミみたいに」

「へえー、なんか夢みたのかな?」

まるで他人事のように、適当な返事をした。お母さんのそんな言葉なんかぜんぜん気にとめることもなく、ぼくは顔を洗いに洗面所へ向かった。

「ん？」

歯をみがくと、なんとなくいつもと感覚がちがう。鏡に向かって、「イーッ」をしてみた。気のせいか、歯が少しとがっているような……。

「んなわけ、ないじゃん」

ぼくはランドセルを背負うと、ダッシュで家を飛び出した。通学路で三人の六年生が、ふざけながら登校していた。

「あぶねえな。まっすぐ歩けよ」

ぼくはおどろいた。自分の口から出たとは思えない乱暴な言葉がふいに飛び出たからだ。

「なんだと、五年生のくせに。もういっぺん、言ってみろよ」

と、一人の男子がぼくの前に立った次の瞬間、その六年生が悲鳴を上げた。

「こ、こいつ、ひっかきやがった！」

ドッと倒れこんだ男子の首筋が、大きくミミズばれになっている。ひっかいた？　ぼくが？逃げるように学校へ走る六年生。いったいなにが起こったのか、さっぱりわからなかった。

掃除の時間のことだった。

「いてっ！　なにすんだよ！」

バットの素振りのようにして遊んでいた裕太《ゆうた》のほうきが、ぼくの背中に当たったんだ。

「わりいわりい。まあ、こんなことで怒るようなコウちゃんじゃない……」

その時から、ぼくの記憶が飛んでいる。気がつくと、裕太が肩や腕から血を吹きだして倒れていた。

「キャーッ！」

「先生！　先生！」

女子たちが悲鳴を上げ、大騒ぎをしている。いったい、なにごとだ。ぼくは何気なく、廊下の鏡を見た。するとそこには、口からまっ赤な血をしたたらせたぼくの姿が映っていた。

「な、なんじゃこりゃあ！」

口を押さえて周りを見る。するとそこにおびえた目でぼくを見つめる友だちの姿があった。

「ぼくじゃない。ぼくは、なにもしていない！」

すると、学級委員の由美《ゆみ》が、ふりしぼるような声でこう言った。

「あんたがやったのよ。あんたが、裕太君にとびかかって、いきなりかみついたんじゃないの」

「ぼくが？　ふざけんな。ぼくがそんなことをするもんかぁ！」

ぼくはそう叫んで、階段をかけおりた。そして飛びこんだのは保健室。そこに掛かっている大きな鏡に、自分の姿を映してみた。するとその姿が、鏡の中でみるみる変化していく。耳は長くとがり、口は耳まで裂けていく。そして全身に生えていく長く茶色い体毛。

「キャーッ！」

その悲鳴にふり向くと、ちょうど保健室に戻ってきた養護教諭の先生が立っていた。

「グワァッ！」

ぼくの体は、一直線にその先生まで飛んだ。あとはなにも覚えていない。たった一度。たった一度だけ、薬の飲み方をまちがえた。たったそれだけのことなのに……。

レイリちゃん

■読むにあたっての工夫
ひとりしずかの写真（実物）を子どもたちに見せ、名前をたずねます。そして、「こんなにきれいな花なのに、ちょっとこわい話があるんだ」と切り出し、読み聞かせに入ります。
読み聞かせが終わった後には、「本当はこの花にそんな話はないんだよ」と、ひと言添えて安心させましょう。

新しい図書ボ（ボランティア）のお母さんがやってきた。

「今日は、『一〇〇回生きたタコ』っていうお話を読むわよ。はい、はじまり、はじまり〜」

図書ボさんは、岩田《いわた》さんっていうんだけど、だれのお母さんなのか、ぜんぜんわからないの。わたしと同じ五年生の中に、「岩田」っていう子がいないのは、たしかなんだけど。

「はーい、これでおしまい。また今度、楽しみにしててね〜」

岩田さんはとっても明るくてやさしくて、おまけに気さく。だから、あっという間に人気者になったの。でもちょっと変わったところがあって……。

「はい、じゃあまたね、レイリちゃん」

「あたし、カリンだってば。まちがえないでよ」

レイリとカリンじゃ、まるでちがってる。そう、岩田さんって、なかなか人の名前を正確に覚えられないの。

「あらあら、ちゃんと汗をふくのよ。かぜをひかないようにね、レイリちゃん」

またまちがえてる。わたし、この頃気がついたんだけど、岩田さんって、「レイリちゃん」っていう子とまちがえることがとても多い。いったいだれなんだろう、レイリちゃんって。かなり珍しい名前だから、すぐにわかると思うんだけど。

ある日のこと、わたしは思いきって直接、岩田さんに聞いてみた。

「ねえ、岩田さん。『レイリちゃん』って、いったいだれなんですか?」

けれど、返ってきた答えは、意外なものだった。

「レイリちゃん? さあ、そんな子、知らないわ。珍しい名前ね」

先生に聞いてもわからなかった。こうなると、ますます真実を知りたくなる。岩田さんが「レイリちゃん」って何度も口にしているのは、まちがいないんだから。

わたしは、一年生から六年生までの先生に、「先生の学年に、『レイリ』っていう名前の子はいますか？」って、たずねてみた。結果はノー。レイリなんていう名前の子は、一人もいなかった。そしてもうひとつ、わかったことがある。「岩田」っていう名字の子も、いなかったということ。それじゃ岩田さんは、だれのお母さん？　図書ボってふつう、その学校に通っている子のお母さん（お父さん）がやるんじゃないの？

「そうじゃない場合もあるのよ」

担任の田中《たなか》先生が、そう教えてくれた。さらに、

「岩田さんは、この前転任していった教頭先生のすいせんらしいわ。どんな人なのかは、先生、知らないのよ」

なぞはますます深まるばかり。

「あら、きれい。なんていう名前なんですか、このお花」

休み時間に校庭へ出る時、業務員の木村《きむら》さんに何気なく話しかけた。

「これはね、『ひとりしずか』っていうんだ。白いブラシみたいな花がいいだろう？　わたしはこの学校に来て十三年目になるけど、この花の名前を聞かれたのは初めてだよ」

そう言って、うれしそうに笑う。

（十三年も……。だったらもしかして、なにか知ってるかも）

わたしは頭の中で、ポンと手を打った。

「木村さん、『レイリ』っていう名前の子が、この学校にいたことありませんか？」

すると木村さんは、ちょっと首をかしげて、しきりになにかを思い出そうとしていた。

「レイリ、レイリ……。はて、どこかで聞いたような……。そうだ、思い出した！」

木村さんが、うんうんとうなずきながら、わたしの目を見る。

「珍しい名前だから、覚えているよ。その子、たしかとつぜん、学校に来なくなったんだ。それも一家そろって、こつぜんと姿を消したんだ。あっ、そうそう。業務員室に、当時の新聞の切り抜きがスクラップしてある。地方版の記事になっちゃってね。なんだか気の毒だったよ」

わたしは木村さんにたのみこんで、その記事を見せてもらうことにした。そこには、こう書かれていた。

【行方不明の親子、岩田かよ子さんと長女のレイリさんは……】

「岩田!?」

ちぎれかけた何本かの糸が、この新聞記事でひとつにつながった。

それから数日後、また岩田さんの図書ボの日がやってきた。いつものように読み聞かせを終えた岩田さんの後をわたしはそっとつけた。なにかがわかるんじゃないかと思って……。

するると岩田さんは、まっすぐに玄関へは行かず、階段を上がりはじめた。どこのクラスも今は、朝自習をしていて静かだ。三階まで上がった岩田さんは、そのまますっと左に向きを変える。そして、突き当たりの部屋の前で立ち止まった。

「えっ、あそこって、『開かずの教室』じゃないの」

そう。そこはいつでもカギがかかっている、開かずの教室。だれも中に入ったことがないという。そのドアに向かって、岩田さんがなにかをぶつぶつつぶやいている。わたしはじっと、耳をかたむけた。

「レイリちゃん。もう少し待っててね。お母さん、代わりの子を見つけてあげる。そうしたら、レイリちゃんはここから出られるのよ。……ほうら、もう見つけた、代わりの子」

そう言って、岩田さんは、ゆっくりとわたしのほうに顔を向けた。

「ヒッ！」

わたしの全身が、氷のように冷たくなった。

【み－いつけた、代わりの子。うふふ】

まるで金しばりにあったように動けないわたし。そのわたしに向かって、岩田さんが、ゆらりゆらりと歩いてくる。

（い、岩田さんじゃない！）

わたしの知ってる岩田さんじゃなかった。口はクワッと耳元まで裂け、ツメはナイフのようにするどくとがっている。

「こ、来ないで！」

【うふふ、だめだめ。レイリちゃんはもう十二年もあの中で待っていたんだから。さあ、もういいわ。出ておいで、レイリちゃん】

開かないはずのドアが、ギギギッと音を立てて開いていく。そして中から現れたのは……。

「キャアアアア！」

わたしの悲鳴が、だれもいない廊下に響き渡る。わたしの前に現れたレイリちゃんは、少し黄ばんだガイコツだった。右手に白いブラシのような、ひとりしずかをにぎりしめて……。

ウルトラ・スーパーバーチャル・リアリティ3Dゴーグル

■読むにあたっての工夫
バーチャルリアリティや、3Dゴーグルを体験したことのある子どもに感想を聞きます。3Dゴーグルの画像を見せるのもいいですね。「楽しい」「迫力満点」などという感想が出てきたら、「もっともっと進歩すると、こんな事件も起きるかもしれないね」とひと言添えて話に入ると、子どもたちの食いつきがちがってきます。

ウルトラ・スーパーバーチャル・リアリティ3Dゴーグル。なんとも長ったらしい名前だけど、こいつがぼくの人生をガラッと変えてしまった。本当の話なんだ。

ぼくが五年生になったその日、あいつは転校してきた。伊《い》集《じゅう》院《いん》宗《そう》一《いち》郎《ろう》。こいつの名前も長ったらしい。けれどこいつとぼくは、なぜか気が合った。

「そうちゃん（宗一郎）のお父さんって、科学者なんだろう？　なんの研究してるんだ？」

「VR。つまり、バーチャルリアリティの研究らしいよ。VR博士って呼ばれてるんだ」

「なんだ、ゲーム機の開発か」

バーチャルリアリティって聞けば、たいていはそう思う。でもそうちゃんは首を横に振る。

「それがもっと、本格的なヤツらしいんだ。みっくん（ぼくのこと）、興味があるんだったら、今度、うちへ遊びに来いよ」

興味がある、なんてもんじゃない。ぼくはその日を、首を長くして待った。

「やあ、きみが道彦《みちひこ》くんか。よくもまあ、宗一郎なんかと友だちになれるもんだな」

そうちゃんの家をたずねると、お父さんがいきなり変人ぶりを発揮した。「うちのお父さんは、かなりの変人だから、そのつもりでいて」とは言われていたんだけど、そうとうなもんだ。

「あのぅ、バーチャルリアリティの研究をしているって、そうちゃんから聞いたんですけど」

「そうちゃん？　そんな安っぽい呼び方をするんじゃない。こいつは、宗一郎だ。……きみはバーチャルリアリティに興味があると聞いたんだが、それは本当かね」

「はい、本当です。ゲーム機も持っています」

それを聞いた博士の顔が、ちょっとやわらかくなった。

「そうか。それじゃ、宗一郎なんかの友だちになってくれたきみに、特別の体験をさせてあげよう。いいか、ここに三種類のバーチャルリアリティ３Ｄゴーグルがある。一つ目は夜店で売っている百五十円くらいのもの。二つ目は、ネットでよく売ってるおもちゃ。三つ目が、わたしが研究を進めている、世界最高の技術を結集してつくりつつある最高にリアルなゴーグル。さあ、どれを試してみたいかね」

おかしな選び方をさせる人だ。一つ目や二つ目なんかを選ぶはずがないじゃないか。

「それじゃ、三つ目をお願いします」

「ほほう、ウルトラ・スーパーバーチャル・リアリティ３Ｄゴーグルを選んだか。なかなか目が高い。それではこれを装着してみなさい。どんな世界へ行って、どんな体験をしたいのか、この音声認識マイクに向かって言うんだ」

これで、自分の望む世界が体験できるって？　それが本当なら、すごいことだ。

「恐竜が好きなんで、ジュラ紀に行って、ティラノサウルスを三頭ばかりやっつけたいです」

「ほう、なかなかおもしろそうな体験だな。よしっ、その手伝いをしてあげよう。ティラノサウルスをやっつけるには、威力のある武器が必要だ。ビルをも破壊する強力なレーザーガンを二丁、用意してあげよう。それから食料と水を三日分。テントもいるかな」

そこまでリアルにするのか。芸コマ（芸がこまかい）だな～。ますますワクワクしてきたぞ。

「これでよし。それでは、そこのいすに座って。いいかね、ジュラ紀のリアル体験コースをスタートさせるぞ」

そう言って、博士がスイッチに手を伸ばす。博士がそうちゃんと顔を見合わせてニヤッと笑ったのは、いったいどういう意味だったんだろう。まあ、いいや。ぼくは慎重にゴーグルをかぶった。

「それでは、ティラノサウルス三頭を退治したら現実の世界に戻ってこられるように、セットしておいたよ。行ってらっしゃい！」

目の前に浮かび上がった時計の針が逆回転をはじめ、そのスピードがどんどん上がっていく。まるで、タイムマシンが過去に戻っていくみたいな感覚だ。またまた芸コマだな。

やがてその回転が遅くなり、そして止まった。すると、耳に当てたスピーカーから、《どうぞゴーグルを外してください》と指示が出た。

「へえ～、ゴーグルを外してもリアル体験できるのか。こりゃ本当にすごいや」

ゴーグルを外すと、そこには映画でみたのとそっくりなジュラ紀の世界が広がっていた。一面の草原。底の見えない沼。高くそびえる独特な形の植物。遠くには噴煙を上げる活火山も見える。それが、まるでこの場に立っているような感覚で味わえるのだ。

と、その時〝ピョロロロロ〟とかわいらしい鳴き声をあげて現れたのは……。エメラルドグリーンやパールホワイトのような、美しい色の皮膚をした巨大な恐竜だった。

「こんなきれいな恐竜、図鑑で見たことも聞いたこともないぞ。恐竜っていうのはたいてい、グレーとか茶色なはずだし、あんなきれいな声で鳴く恐竜も、映画なんかで見たこともない。でも、大きさやかっこうからして、ありゃティラノサウルスにちがいない」

そういえば、だれもジュラ紀の生き物を生で見たことはないはず。いったいだれが、「恐竜はグレーとか茶色」って決めたんだろう。

おっと、そんなことより、早くあいつをレーザーガンでやっつけてみよう。こいつぁ、迫力満点だぞ。と思ったその時だった。ぼくがかまえようとしたレーザーガンを、いつの間にか飛んできた翼竜がつかんで逃げた。

「あっ、プテラノドンだ。こらっ、返せ！」

でも、もう一丁ある。それを使って取り戻そう……、と思ったその時、沼の中から別の恐竜

がものすごい早さで現れ、もう一丁のレーザーガンを水中に引きずりこんでしまった。

「ああ、なんてことをするんだ！」

もう、ティラノサウルスをたおす武器はない。すると、目の前のティラノサウルスがじっとぼくを見た。ぼくはあわてて、その場から逃げ出した。

やがて夜になり、疲れきったぼくは、しかたなくテントを張ってその中で過ごしていた。

「とほほ、バーチャルリアリティはもういいから、戻してくださーい！」

その時、ぼくはふと、博士が最後に言った言葉を思い出した。「ティラノサウルス三頭を退治したら現実の世界に戻ってこられるようにセットしておいた」というその言葉を。

「げっ、ということは、ティラノサウルス三頭を退治するまでは帰れない、ということなのか。ぼくにはもう、武器もない。食料と水だってたったの三日分。これって本当にバーチャルの世界なのか。こんなにリアルじゃ、バーチャルと現実の区別なんかまるでつかないじゃないか。この後ぼくはいったいどうなるんだ。こんなに恐ろしい体験なんて、もういやだ！　ぼくを帰してくれ！」

ぼくの悲痛な叫びは、太古の夜空に深く深く、吸いこまれていった。

だれもいない

■読むにあたっての工夫

一人きりで留守番をしたことがあるかをたずね、その時の気持ちを話してもらいます。その上で、「もっともっと広いところで一人きりになったら、いったいどんな気持ちだろう」と投げかけ、話をはじめます。

人気のない大きな建物の内部写真などがあると、なおいいですね。

久しぶりに、家族で買い物に行った。このあたりでは一番大きなショッピングモールだ。

「すごい人出だねえ」

お父さん、お母さん、妹のまゆか、それにぼくの四人で、ここに来た。土曜日ということもあって、とにかくものすごい人の数。ぼうっと歩いてると、すぐにだれかにぶつかっちゃう。

「ほらほら、離れないで歩きなさい。迷子になっちゃうわよ」

三年生の妹はちょろちょろしていて、落ち着きがない。ここで買い物をして、食事をして、後はいろいろなお店をウィンドショッピングだ。三階のフロアーに来た。

「あっ、スポーツ用品店がある。ぼく、ここ見たいな」

みんなは通路のベンチで待っているという。ぼくはまず、シューズのコーナーへ行った。

「かっこいいな、このシューズ。このストッキングもいいなぁ」

見るものみんな、欲しくなってしまう。けれど今日は、ウインドショッピングが主な目的だ。見るだけ、見るだけ……。

ぼくがスポーツ用品店から出ると、今度は妹が、ファンシーグッズの店を見たいという。迷子にならないかな。なにしろこの満員電車みたいな人混みだ。「心配だから」って、お母さんがついて行くことになった。やれやれ、世話のやけるやつ。

二人が店の中に消えた後、ぼくは、お父さんとどうでもいい話をして盛り上がっていた。それにしても、なかなか戻ってこない。あまり長いので、なんだかトイレに行きたくなってきた。

「お父さん、ぼく、トイレに行ってくるよ」

トイレはすぐ目の前にある。これなら迷子になる心配もない。

「ふい〜っ、すごい大混雑だ。頭、クラクラしちゃうよ」

トイレに来たのは、この人の多さからちょっとの間、逃げたかったこともある。とにかくどこを見ても人、人、人。ここにいるだけで疲れてしまう。その点、トイレはすいていてホッとする。かといって、いつまでもここにいるわけにはいかない。ぼくはしかたなく、トイレを出て、人混みの中に戻っていった……はずだった。

「えっ、ど、どういうこと?」

目の前に広がるガランとした空間。そこにはだれ一人、いなかった。つい一、二分前までの大混雑はどうなったんだ。あれだけいた人たちはいったい、どこに行ってしまったんだ。シーンとした大空間が、ぼくの目の前に広がっていた。もちろん、お父さんもいない。お母さんと妹も戻ってきていない。

「キツネにつままれたよう」っていうのは、こういう時のことを言うんだろうか。

「お父さ~ん、お母さ~ん、まゆか~!」

がらんとした空間に、悲鳴のようなぼくの声だけが、不気味に響き渡る。

「なにこれ。うそだろ? マジかよ!」

思いつくありったけの言葉を口にしてみたけれど、事態はなにも変わらない。ぼくはだれもいなくなった通路を走り、だれも乗っていないエスカレーターをかけおりる。

「だれか！　だれかいないの？」

けれど、どこからも返事は返ってこない。二階のフロアーも、もぬけのカラだ。さらに一階へ。ここも同じだった。そこからさらに、息を切らして外へ出る。そこもやはり、人の気配はまったくなかった。

「これって夢なのか？　夢なら早くさめてくれ！」

ぼくは祈るような気持ちで、一台も停まっていない駐車場をふらふらとさまよい歩く。

と、その時だ。

【ガガッ。ズズズッ】

そんな音と振動が、ぼくの足元に伝わってきた。

「な、なに？　なんだ？」

目をこらし、耳をすませてみると、ぼくの目の前五メートルくらいの場所にあるマンホールのふたが、ゆっくりと持ち上がり、そして横にずれていく。ぼくがゴクッとなまつばを飲みこみ、じっと見つめていると、その中からグレーの体をした、得体の知れない生き物がはい出してきた。頭はカマキリのようで、体は極端にやせた人間のようだった。

「げっ、なんだ、こいつ」

ぼくはとっさに、反対方向へ走り出す。すると別のマンホールから、また同じような化け物がはい出てきた。逃げても逃げても、マンホールは数え切れないほどある。そしてそこから、数え切れないほどの化け物たちがはい出してくるんだ。

「な、なんなんだよ、おまえたち。……うわっ！」

とつぜん、ぼくの体がかたい地面にたたきつけられた。見ると一匹の化け物が、ぼくの足をつかんでいるんだ。

「離せ、離せよう！」

けれどむだだった。あちこちのマンホールから出てきた化け物たちが、ぼくの周りに集まってきた。そして、ぼくの体をズルズルとマンホールの中に引きずりこみはじめた。うすれる意識の中でぼくは思った。いったいこれは、どういうことなんだ。どうしてぼくが、こんな目にあわなくちゃならないんだ。いったいぼくが、なにをしたっていうんだ。

その答えはだれにもわからない。やがてマンホールのふたが閉まり、ぼくはまっ暗な世界に沈んでいった。

わたしを思い出して

■読むにあたっての工夫

お墓参りの経験について、子どもから話を聞きます。その際に心がけたいことは、お墓は決してこわいものではないこと。霊園は決して心霊スポットなどではなく、命を終えた人が眠る神聖な場所なのだということに気づかせることです。

亡き人に手を合わせるという、敬虔な心を育てたいものです。

もうすぐ夜の八時になる。ピアノのレッスンも、そろそろ終わりの時間だ。

「優香《ゆか》ちゃん、うまくなったわね。この調子なら、発表会も心配ないわ」

先生が、満面の笑顔でほめてくれた。その時、玄関のチャイムが鳴った。

「はーい、今、行きま～す」

先生が出ると、そこには一人の女の人が立っていた。

「わたし、優香ちゃんのおばです。じつは優香ちゃんのお父さんが交通事故で病院に……」

わたしの全身がカッと熱くなった。けれど、この人がおばさん？　うーん、そう言われれば。

「雪子《ゆきこ》おばさん……ですよね。ずいぶん会っていなかったから、わからなくて」

雪子おばさんの右の耳に大きな傷がある。それは記憶にない。

「そうよ。最後に会ったのは、七五三の時よね。あ、そんなことより、早く病院に行かなくちゃ。お母さんは先に行ってるの。おばさん、車で迎えにきたから。さあ、早く乗って」

まちがいなくわたしのおばさんだと確認できて、先生も安心したみたい。わたしはひと言お礼を言って、おばさんの車に乗りこんだ。

車はすぐに発車した。

「お父さん、どうなんですか？　どこで事故にあったんですか？」

「さあ、知らないわ」

車に乗ったとたん、おばさんが急にぶあいそうになった。人が変わったみたいに。

「あの……。病院って、どこの病院ですか？」

おばさんは、なにも答えなかった。ただじっと前を見て、ハンドルをにぎっている。

（この人、雪子おばさんじゃない）

なぜか、直感的にそう感じた。交差点の赤信号で止まった時、わたしは思い切って助手席のドアを開け、外へ飛び出した。

（わたし、本当は雪子おばさんのことなんて、覚えていない。あの人はいったいだれなの？）

そんなことを思いながら、わたしは必死に走った。けれど……ここはどこ？

その時だ。一台のタクシーが、わたしの視界に入った。そうだ、これで帰ろう。もちろん今まで、一人でタクシーに乗ったことなんてない。でも、それしか帰る方法はない。

「あの……、みどり町三丁目ってわかります？」

するとタクシーの運転手さんは、人のよさそうな顔を向けて、こう言った。

「もちろんわかるよ。おじょうちゃん、一人でタクシーに乗るのかい？　今どきの子どもは、やることがちがうねえ。まあ、前にも塾の帰りが遅くなった、とかいう子を乗せたけど」

わたしはなんだかホッとした。

「あの……、料金は家に着いたら払いますけど、それでもいいですか？」

「ああ、おじょうちゃんみたいなかわいい子が、料金をふみ倒したりするわけないからね」

と、楽しそうに笑った。そしてタクシーは走り出す。

「おじょうちゃんも、塾の帰りかなんかかい？」

「いいえ、わたしはピアノの帰りなんです」

こんなところで、おばさんの話なんかもち出せない。タクシーは、大通りを離れ、やけに暗い道を走っている。

「あのう、ここってどこらへんなんですか？」

そんなに遠いはずがないのに、相変わらず見覚えのある場所にはたどり着かない。

【まあまあ、心配しなくたって、ちゃんと着くべきところには着くんだから。クックックッ】

いつの間にか、わたしの手のひらが、汗でびっしょりになっている。タクシーはさらに暗い道を進み、やがて大きく右に曲がった。その時、ヘッドライトの明かりに浮かび上がった看板の文字が、わたしの目にはっきりと映った。

はちのき霊園

「えっ、ここって霊園ですよね。お墓ですよね」

【フッフッフ、だから言ったじゃないの、『着くべきところに着く』ってね】

そう言って振り向いたその顔は、雪子おばさんだった。そして、そのおばさんは、すがるような目で、わたしに言った。

【お願い。ここで手を合わせておくれ。たったの一度でいい】

理由はわからなかった。けれどわたしは、夢中で言われるままにした。

「ど、どうか、安らかにお眠りください。どうか……」

「おい、優香。しっかりしろ！　目を覚ますんだ！」

頭の奥で、そんな声が聞こえた。

「え……、あっ、お父さん……。お父さんだ！」

体を起こして、あたりを見回す。うちだ。我が家だ。いったい、どうなっているの？

「お父さん、だいじょうぶだったの？　あたし、心配したよ」

「なに、わけのわからないこと言ってるんだ。お父さんは別になんでもないさ。それよりこっちこそ心配したぞ。ピアノから帰ってきたら、急にリビングで倒れたっていうから」

お母さんも、となりにいた。

「そうよ。わたしもびっくり。後で救急病院に行って、検査してもらいましょ」

わたしは、なおもあたりを見回した。

「おばさんは？　雪子おばさんはどこ？」

　わたしのその言葉を聞いて、お父さんとお母さんが顔を見合わせた。

「優香に言ってなかったっけ？　雪子おばさんは、おととし亡くなったよ。どうして急に、雪子おばさんのことなんか、言い出すんだ？」

　わたしは、ひとつひとつを思い出しながら、さっきまでの出来事を話した。信じてもらえないかもしれないけど……。わたしが話し終わると、お母さんが口を開いた。

「不思議な話ね。でもお母さん、信じるわ。〝右の耳の大きな傷〟っていうのは、亡くなる少し前にけがでできた傷よ。それを優香が知っているはずないものね」

「とってもさみしがりやな人だったよな。ひっそりと亡くなって、あまりみんな、お墓参りにも行っていないし。きっとさみしかったんだろう」

「それで優香を使って、みんなに気づかせたかったのかもしれないわね。そうね、いくら亡くなった後だって、もっと大切にしてあげなくちゃね。ごめんなさい、雪子」

　次の休みの日、わたしたちはそろって、雪子おばさんのお墓参りをした。もちろんそれからというもの、雪子おばさんはやってこなくなった。

眠れない夜

■読むにあたっての工夫

なかなか寝つけなかった経験があるかどうか子どもたちにたずね、その時の気持ちを聞きます。そして、「もしも旅行先のホテルとかで一人だけ眠れなかったら、なにかが起こる前ぶれかもしれない。そんな子のお話だよ」と興味を引きつけ、話に入ります。

みんなは、とっくに寝てしまった。わたしだけが眠れない。

ずっと楽しみにしていた高原のホテル。やっとこのすてきなホテルに泊まることができたっていうのに、こんなつらい夜になるなんて。

ベッドに入ったのは、午後十時頃。なのに今は午前一時四十分。どういわけか、目がすっかりさえてしまって、どうしても眠ることができない。

「まいったな。明日は朝五時から、あこがれの高原散歩ってことになっているのに」

こんなことは、今まで一度もなかった。

「あ～、もう二時だ」

どうしても時間が気になってしまう。その時だ。

《コンコン》

「えっ、ノックの音?」

まさか。こんな夜中に、人がたずねてくるはずがない。

「気のせいね……。ああ、困った、困った」

何度目かの寝返りを打つ。そうこうしているうちに、少しだけウトウトとしたらしい。けれど、そんな浅い眠りもすぐに打ち消された。

「寒い……」

季節は夏。いくら高原だからって、寒いなんていうことはないはず。

しかたなく目を開けて、部屋の中を見回した。オレンジ色の常夜灯が、広いこの部屋を、ぼうっと照らし出している。

「えっ、なんで?」

なぜか、カーテンがゆれている。窓はしっかり閉まっているはずなのに。それでも念のために、ベッドからおりて確かめてみることにした。どうせ、眠れないんだし。

大きな窓にかかる、大きなカーテン。そのカーテンが、まるでオーロラのように、ゆったりと波打っている。わたしはおそるおそる、そのカーテンをめくって、外のようすを見た。もちろん、なにもない。遠くの町の灯りが、眼下にいくつか見えるだけだ。

「どうしてゆれてたのかなあ」

と、カーテンをもとに戻そうとしたその時だ。わたしの体の中を、かすかな電気が走った。だって窓の外に、白い服を着た女の子が立っていたから。

「キャーッ!」

　思わず悲鳴を上げるわたし。

「な、なんだ?　どうした」

その声に、ぐっすり寝ていた家族が全員、目を覚ました。お父さん、お母さん、お姉ちゃん。みんながベッドの上で体を起こした。

「い、今ね、窓の外に女の子がいて、こっちを見てたの」

　そんなわたしの言葉に、お父さんが頭をかきながら言う。

「なに、寝ぼけてんだよ。さもなきゃ、だれかが夜中の散歩でもしてただけだろ」

「そうよ、人騒がせね。さっさと寝なさいよ」

お姉ちゃんは、ぷりぷり怒りながら、タオルケットを頭からかぶってしまった。

「夜中の散歩……？」

その時わたしは気づいた。この部屋が、十一階にあることを。じゃあ、さっきの子はどうやって窓の外に立っていられたの？　わたしの背筋に、ぞーっと冷たいものが走った。

「やだ。もう、寝たいよう！」

眠りたいのに眠れないっていうことが、こんなにつらいなんて、思ってもみなかった。せめて体を横にして、疲れをとっておこう。わたしはそう決めて、自分のベッドにもぐりこんだ。

「えっ？」

わたしは、瞬間的にベッドから飛びのいた。ベッドにかかったタオルケットが、もこっと盛り上がり、もそもそと動いている。そしてその下から、白いなにかがゆっくりと現れた。それは、窓の外にいた、あの女の子だった。

「キャーッ！」

またも悲鳴をあげるわたし。なのに今度は、だれも起きてこない。

「みんな起きて！　目を覚ましてよ！」

なのになぜかみんなは、ぐっすりと眠ったままだ。女の子はスローモーションのような動きでベッドからおりて、こっちに向かって歩いてくる。

【いいなぁ、楽しそう……。わたしも入れて】

わたしの記憶は、そこでとぎれた。


「ああ、よく寝た。さあ、朝の高原散歩に出かけるか」

お父さんの大声で、わたしの目が覚めた。ちゃんとベッドで寝ている。タオルケットもしっかりかけて。

「さあ、用意をしましょう」

お母さんもお姉ちゃんも、夜中のことにはひと言もふれない。もしかして、覚えていないんだろうか。わたしのほうから、それとなく聞いてみることにした。

「きのう、ごめんね。夜中に起こしちゃって」

「は？　なんのこと？　お母さん、一度も起きなかったけど」

お母さんだけじゃない。お姉ちゃんもお父さんも、そんなことは知らないという。

（わたし、夢をみていたのかしら……）

重い頭を抱えて、窓際に立ってみた。夏の日の出は早い。外はもうすっかり、光に支配された世界だった。

「あら……」

窓の外のバルコニーに、ピンクのシュシュが落ちている。その時、わたしの記憶がカメラのフラッシュのようによみがえった。

「これ、あの子がつけていたシュシュだ……」

わたしはそれをそっと拾い上げてつぶやいた。

「いっしょに行きたいのね。なにがあったのか知らないけど、わたしが連れて行ってあげる」

なぜか、こわいという気持ちはなかった。

あの子はきっと、わたしをたよって現れた。眠れなかったわけもそれだったんだ。そう思うと、心がふっと温かくなった。

高原の朝は、光に満ちたすてきな世界だった。

幽霊屋敷のせんたくもの

■読むにあたっての工夫

「わすれられないおくりもの」や「一〇〇万回生きたねこ」など、擬人化された物語を紹介します。そして、「こんなふうに、動物が人間のようになっているお話はたくさんあるけれど、これが反対のお話（人間が動物になってしまう話）ってなにか知ってる？」と質問し、「こんな話があってね……」と、読み聞かせをはじめます。

ぼくんちの近くに、このあたりでは有名な〝幽霊屋敷〟がある。そこはボロボロの空き家で、ぼくがまだ小さい頃から、ずっとその状態だった。

「昨日のテレビ、おもしろかったな」

ぼくは友だちの雄一《ゆういち》、健太《けんた》といっしょに下校していた。

「見た見た。メロンマンのコント、めっちゃおもしろ……。おい、圭介《けいすけ》。なに見てるんだよ」

健太の声に、ぼくはふと、我に返った。

「あ、ああ。『幽霊屋敷』に新しいせんたくものが干してあるから、なんでかなと思ってさ」

ぼくの言葉に、二人が同時に視線を上げた。

「げっ、本当だ。だれも住んでいるはずないのに」

屋根には一面に草が生え、壁や窓ガラスはコケだらけ。それどころか、家全体がかたむいていて、今にも崩れ落ちそうなんだ。こんなところに、人が住んでいるはずはない。

ぼくたちは、風にひらひらとなびいているせんたくものを、じっと見つめた。

「あのTシャツ……、子どもがいるのかな?」

ネコに追いかけられるネズミがプリントされた、子ども用のTシャツが、大人物のシャツなんかに混じって干してあるんだ。

「センス悪いよな、あのプリント。……っていうか、だれも住んでないのにおかしいじゃん」

「だったらどうして、あんなものが干してあるんだよ」

いくら頭をひねっても、さっぱりわからない。

「気味が悪いんだよ、あのTシャツ!」

そう言うが早いか、雄一が足元の石を拾い上げ、そのTシャツに向かって投げつけた。

〝パシャッ〟という、かすかな音がして、石は見事に命中。左肩のあたりに、はっきりと石の汚れがついた。

「もう帰ろうぜ。どうでもいいよ、こんなの」

ぼくたちは、次の曲がり角でバイバイをした。


それから三日後、朝の会の時に先生が、見たことのない男子を連れて入ってきた。

「向田渉《むこうだわたる》くん、転入生だ。みんな、仲よくするように」

ぺこっと頭を下げる。みんなも礼を返す。ところがぼくたち三人は、それどころじゃない。

「あ、あのTシャツ……」

そう、その転入生が着ていたTシャツっていうのが、あのTシャツだったんだ。ネコに追いかけられるネズミがプリントされた〝あの、センスの悪いTシャツ〟。

その「渉」とかいう転入生は、ぼくたちの横を通って、一番後ろの席に座った。その時、ぼくは見た。雄一の横を通り過ぎる時、そいつが雄一の顔を見て、ニヤッと笑ったのを。

次の日、雄一は学校を欠席した。なんでも、左の肩がひどく痛んで、病院に運ばれたという。

「おい、圭介。どう思う?」

「どう思うって、気味が悪いよ。雄一が学校を休むなんて、信じられないし」

元気がとりえの雄一が欠席。それも、石をぶつけた所と同じ左肩の痛みだなんて、ぐうぜんにしてはできすぎてる。ぼくと健太は、おそるおそる「渉」を見た。だれともしゃべらず、自分の席でじっと本を読んでいる「渉」を……。


その日の放課後、ぼくと健太は、雄一のお見舞いに行った。けれど、強い痛み止めの薬でぐっすりと眠っていて、ぜんぜん話をすることができなかった。

「おれさあ、肩が痛くて入院なんて、聞いたことがないんだけど」

「あの転入生と、なにか関係あるんだろうか」

「それから、雄一が石をぶつけた、あのTシャツともな」

なんて話をしながら歩いているうちに、ぼくと健太はそろって「あれっ」と首をかしげた。

知らない道じゃないのに、あたりのようすがなんかおかしい。

「ここってどこだ?」

「わからない。それより、まわりの家とか、車とか、大きくなっていないか?」

ぼくもそんな気がしていた。そして、時間がたつにつれて、それはどんどん進行した。つまり、まわりのものすべてが、どんどん大きくなっていくんだ。パニックになりそうになったその時、もっとパニックになりそうな出来事が起こった。路地の角から、馬ほどもありそうな、巨大なネコが現れたんだ。そしてその巨大ネコが、舌なめずりをしながら、ゆっくりとこっちに近づいてくる。

「うわわっ、に、逃げろ！」

さっぱりわけがわからないままに、ぼくと健太はネコと反対の方角に逃げた。するとネコは、ものすごい速度でぼくたちに迫ってきた。

「なな、なんで、こんなことになってるんだ。いったい、なにがどうなってるんだ！」

ぼくと健太は、転がっていた太い丸太のようなものにつまずき、その場にドッと倒れこんだ。その時、たまたま近くに停めてあった車のホイールに、ぼくたちの姿が映った。

「げっ、こ、これ、なんだ？」

そこに映っていたのは、二匹のみすぼらしいネズミだった。

ローレライの夜

■読むにあたっての工夫
最初に、女性の歌唱による「ローレライ」の歌を流します。次にローレライの画像を提示し、「今の歌と、この写真がどう結びつくのか、さあ、話をはじめよう」と、読み聞かせをはじめます。
音楽とビジュアルの力を借りた読み聞かせになります。ローレライの画像は夜のものがあればベストですね。

こんなことが現実に起こるなんて。今でも信じられない。

この夏、ぼくたちは家族で、大型客船で小笠原へのクルーズに出発した。お父さんの仕事がうまくいって、会社から長い休みと特別ボーナスが出たのだという。くわしいことはわからないけどね。とにかく、片道二十四時間＋三泊四日の大旅行なんだ。

ぼくとお父さん、お母さん、それに四年生の妹・春花《はるか》の四人で、さあ、出発だ。

横浜港を出港すると、ぼくと春花はさっそく船内探検だ。グランドピアノのあるロビー、シアタールーム、プール……。ここが船の上だなんて、とても信じられない。ここに二十四時間。丸々一日乗っていられるんだ。いやいやちがう。島に着いてからも、ここがぼくたちのホテルになる。だからずっとこの、夢のような空間にいられるってわけさ。

夜になってデッキに出ると、プラネタリウムみたいな星が、頭の上をおおいつくしていた。

それにしても、波がこんなに白く見えるのはなぜ？

「海が荒れているんだな。この船には、フィンスタビライザーっていうゆれを防ぐ装置がついているから、あまりわからないけど、波があんなに白く砕けている。……天気を調べてくるか」

お父さんはそう言って、テレビのあるロビーへ向かった。もちろん、ぼくもいっしょだ。

《日本近海の太平洋側に強い低気圧が発生し、海上は大しけになるでしょう》

だれも予想していなかった、とつぜんの気象変化だとお父さんが言った。

「お父さん、だいじょうぶ？　この船、沈まない？」

春花が心配そうに、お父さんとお母さんの顔を代わる代わる見つめる。

「だいじょうぶさ。この船は台風のど真ん中にいたって、どうってことないんだから」

それが口からでまかせだったのか、家族を心配させないために言ったのか、それとも、「台風のど真ん中」よりもものすごい雨と風がおそいかかったのか、それはわからない。はっきりとわかっていることは、気がつくと、ぼくたちが救命ボートに乗って、太平洋のどこかをさまよっていたということだけだ。その救命ボートも、ぼくたちの目に見えるのは、自分の乗っているこのたった一艘《そう》だけ。ほかの救命ボートは別の場所をさまよっているのか、もしかしたら、客船といっしょに沈んでしまったのか……。

この救命ボートに乗っているのは、わずか十八名。四十名の定員だというから、船内は余裕がある。それにしても、これに乗らなかった（乗れなかった？）人たちは、いったいどうなってしまったんだろう。幸いなことに、ぼくの家族は四人ともここにいる。

一人の男の人が大声で、みんなをふり向かせた。

「食料と水はほとんど流されてしまったらしい。残っている分を今から配るぞ」

乗組員だったのか、自分がリーダーになりたい人なのか、それはわからない。いずれにしても、こういう人がいると統率がとれていいんだと、お父さんが言った。一人の割り当ては、五百ミリリットルのペットボトルの水が二本。それに食料として、ビスケット十枚ずつだった。

「たったこれだけで生きのびなくちゃならないのか」

「生きているだけでも、幸運だわ。がまんしましょう」

お父さんがもらした不安を、お母さんが打ち消す。いったいこれだけの水と食料で、何日命をつなげばいいんだ。出口の見えないサバイバル生活がはじまった。

太陽の日差しが、ナイフのように突き刺さってくる。そういえば今は八月。暑いわけだ。

「お兄ちゃん。あたしのお水、なくなっちゃった」

「もう四日目だからな。無理もないよ。ほら、兄ちゃんのを少しあげる」

そんなぼくのペットボトルにも、水はあと百ミリリットルぐらいしか残っていない。のどがカラカラだ。みんながぐったりとして救命ボートの底に身を横たえている。そして夕方に……。

「あれは……、もしかして、〝ローレライ〟じゃないか？」

「そんなバカな。だとすれば、このボートはドイツまで流されてきたことになるじゃないか」

「それに、客船は太平洋を進んでいたはずよ。それがどうして海から川に入りこむわけ？」

会話の内容がさっぱりわからない。ぼくと春花はほとんど同時にお父さんの顔を見た。

「ローレライっていうのは、ドイツの西部、ライン川っていう川にそびえている巨大岩のことだ。たしかにあれは、わたしが知っているローレライにそっくりだ。しかし、そんなバカなことがありえるんだろうか」

　みんなは、夕日をバックにそびえるその巨大岩をじっと見つめた。お父さんは話を続ける。

「あれがもし、本当にローレライだとすると、この付近のライン川の河底はせまく深く、水がうず巻き、昔からの難所だとされている。あの岩に妖精が立って、その美しい歌声でライン川を行く人々を川の中に誘い込む、という言い伝えがあるんだ」

　恐ろしい話だ。いつしか暗い夜がおとずれ、まっ白い月があたりをこうこうと照らした。その時だ。だれかが立ち上がり、つぶやくように言った。

「歌だ。歌が聞こえる。なんてきれいな歌声なんだ」

「本当だ。だれかが歌ってる。女性の声だ。……川の中から聞こえてくるぞ」

　それは確かだった。川の底深くから、夜空全体に響き渡るような、か細いけれど人の心をとらえて離さない。そんな歌声が聞こえてくる。

　ザブーン！

　ぼくたちの左側で、水の音がした。

「あいつ、妖精に会いに行ったんだ。ちくしょう、おれだって……」

続いてまたも水音が。その後を追うように、次から次へと川の中に身を投げる乗客たち。ふと気がつくと、お父さんがボートのへりで立ち上がっている。

「だめだよお父さん。お父さんまで妖精の所へ行ったら、ぼくたちはどうなるのさ」

けれどお父さんは、うっとりとした顔で水面を見つめるばかり。そして、ぼくの声なんかまるで聞こえないように、笑顔で川の中に飛びこんだ。

「お父さん、お父さ～ん！　ねえ、お母さん。お父さんが……」

ふり向いた時、お母さんの姿も、春花の姿もボートの上にはいなかった。残っている乗客は、たったの四人。その時、ぼくの耳から入った歌声が、胸の奥深く突きささった。その時ぼくは、目には見えないだれかに向かって、こう語りかけていた。

(川の中って、そんなに気持ちいいのかい？　ぼくも行ってみようかな)

次の瞬間、ライン川の冷たい水が、ぼくの全身を包みこんだ。水の中では、先に飛びこんだ乗客たちが幸せそうな顔をして泳いでいた。もちろん、お父さんも、お母さんも、春花もいる。あっ、ずっと前に死んだおじいちゃんもいる。ここはいったい、どこなんだろう……。

あの席

ぼくの学校には、妙なうわさ話がある。音楽室の〝ある席〟に座ると、不幸が訪れるというわさだ。幸い音楽室の座席は、ぼくのクラスの人数よりも一つだけ、多く置かれている。だから、だれも、〝その席〟には、座らないですんでいるんだ。

ある日のこと、ぼくのクラスに一人の転入生がやってきた。

「及川信人《おいかわのぶと》です。よろしくお願いします」

下ばかり向いてて、なんだか陰気なやつだ。

「おい、一人増えたっていうことは、音楽室の〝あの席〟に、だれかが座らなくちゃならないってことだぞ」

■ **読むにあたっての工夫**

使用していないいすを一脚、子どもたちの前に用意します。「じつはこのいす、ただのいすじゃないんだ。どんないすだと思う？」と投げかけ、「こんなうわさがあるいすなんだよ」と前置きをして、話をはじめます。話し終わった後には、「本当をいうと、このいすは全然関係がない、ただのいすなんだ」と安心させましょう。

お調子者の拓斗《たくと》のひと言が、みんなの不安をあおる。

「おれ、いやだよ。〝あの席〟だけには座りたくない」

おくびょう者の一茂《かずしげ》が、一歩後ずさりをする。みんなが言っている〝あの席〟には、こんなうわさがあるんだ。

何年か前、その席に座っていた女子が、校庭で遊んでいる時、サッカーボールが顔面に命中して、大けがをした。それから数日後、別の男子がトイレそうじ中に、足をすべらせて転倒し、頭を打って意識不明になったという。さらにその一週間後、六年生の女子が習い事に行く途中でトラックにはねられ、何か所も骨折したという。それがみんな、〝あの席〟に座っていた生徒らしいのだ。

それ以来、〝あの席〟にはだれも座らない。それならいっそ、そんな席はなくしてしまえばいいじゃないかと、だれもが思った。けれど、その席を片付けた先生までが、原因不明の病気になって、学校の先生を辞めることになってしまったんだ。だから先生たちも、あえてその席を片付けようとはしないんだ。

転入生が来たその日から、みんなは、〝あの席〟におびえるようになった。

「そんなの、心配ねえよ」

ある日、クラスのボス的な存在である猛《たけし》が、うす笑いを浮かべながら言い放った。

「かんたんだよ。なにも知らない転入生に座らせればいいだけのことじゃんか」

それを聞いたみんなが、顔を見合わせる。心ではそう思っていても、なかなかそれを言い出せないでいたんだ。信人は、転入してきてから何日かたってもあまり話もせず、校庭へ遊びに出ることもない、おとなしいやつだった。

「そ、そうだな。もしかしたら、なにも起こらないかもしれないし」

「もしそれでなにも起こらなかったら、今までのはただのぐうぜんだったってことになるな」

「うんうん。そうなればもう、〝あの席〟なんか、ちっともこわくなくなるぞ」

みんなは猛の考えが、いかにもいいアイデアかのように、すっかり思いこんでしまった。


それから二日後、音楽室での授業の日になった。みんなが静かに席に着く。

「信人、そこの席が空いてるんだ。だからおまえの席はそこ」

と、猛が〝あの席〟を指さす。信人は「ありがとう」と言って、そこに座った。みんなの視線

は信人にくぎづけだ。若い音楽の先生が、〝あの席〟のうわさを知るわけもない。

その後、なにごともなく授業は進み、やがて終了のチャイムが鳴った。

「なにも起こらなかったな」

「そんなすぐに起こるもんか。これからだよ」

何人かはこんなふうに、おもしろがっているようにも思えた。

それから何日たっても、信人のようすに変わったところはなかった。

「やっぱり、ただのぐうぜんだったんじゃないか?」

「そうかもね。よかったじゃん。これで、あのへんなうわさから解放されたってことだ」

みんなの中に、ホッとした空気が流れたそんなある日のことだった。

「じゃまだよ。どけって言ってんだよ!」

そうじの時間だった。廊下から、そんなどなり声が聞こえてきたんだ。だれだろうと思って教室の外に出てみると、そこにはなんと、あの陰気でおとなしい信人が、階段の前を肩で風を切って歩いていた。

「おらっ、そこを通りたいんだよ。け飛ばすぞ」

信じられない光景だった。こんな信人は初めて見た。その信人の前に立ったのは、気が強いので有名な、山下萌花《やましたもえか》だった。

「ちょっとあんた。今はそうじの時間よ。さっさと自分のそうじ場所へ行きなさいよ」

と、階段を背にしてうで組みをしたその時だった。

「うるせえって、言ってんだよ」

と、信人が萌花の肩を思いきり突いた。

「あっ！」

萌花は、ゴムまりのように階段を転げ落ちた。

「大変だ。だれか、先生を呼んでこいよ！」

その横でニヤリとうす笑いを浮かべる信人。その時、ぼくはわかった。〝あの席〟は、そこに座った者だけが不幸になるんじゃない。その周りの者も、いっしょに不幸の波に巻きこんでしまうんだということを。

いったいこの先、ぼくたちはどうしたらいいというんだ……。

▲著者　山口　理　（やまぐち　さとし）

教員時代、“こわい話”で、子どもたちとのコミニケーションを図ってきた。自作の“こわい話”は、300編以上。20冊を超える著書となっている。

主な著書として、『５分間で読める・話せるこわ～い話』『心霊スポットへようこそ』（いずれもいかだ社）などのフィクションがあるが、『こわ～い漢字ドリル』（小学館）などの学習教材も書籍化されている。こわい話がネタ切れになりそうになると、沼のほとりで一人車中泊をする、心霊スポットといわれる場所を夜中にうろつくなど、自らを恐怖の環境に置くことでアイデアをひねり出すという暴挙を実践している。最近、飼い猫をしつこくかまい過ぎて反撃をくらい、病院に直行するという、こわ～い体験をした。

▲絵　やまねあつし

サラリーマン生活を経て漫画家に転身。子ども向けの迷路・クイズ・工作本の構成やイラスト・漫画など、幅広く手掛けている。本書の作画の際には、部屋を暗くし、不気味なホラー映画のサントラをＢＧＭに作業した!?　読めば読むほど不思議な世界に入り込める物語……気づけばあなたも、イラストの中に登場しているかもしれません。ご注意を。

編集▲内田直子

子どもの心をつかむ21世紀の怪談

5分間で読める・話せる こわ～い話 KING―キング―

2019年6月22日　第１刷発行

著　者●山口理©

発行人●新沼光太郎

発行所●株式会社いかだ社

〒102-0072東京都千代田区飯田橋2-4-10加島ビル

Tel.03-3234-5365　Fax.03-3234-5308

E-mail　info@ikadasha.jp

ホームページURL　http://www.ikadasha.jp/

振替・00130-2-572993

印刷・製本　モリモト印刷株式会社

乱丁・落丁の場合はお取り換えいたします。

Printed in Japan

ISBN978-4-87051-517-8